伝えたい　日本のこころ
日本のことば

ことばは世の中を変え
こころは人生を変える

津山　隆司

はじめに

地球の温暖化も影響しているからでしょうか、一日の気温の変化に激しいもの(午前六時と午前十時では気温差一〇度以上)があり、筆者は例年になく、着る衣服に注意を払わねばならない日々を過ごしています。

現在の世の中を見つめてみますと、日本の国は、自由で平和‥安全等、大きな観点で恵まれてはいますが、核兵器を保有する強大な国々には何らモノが申せず、国民が拉致されても、領土が奪われても、ミサイルが飛んできても、我が国の首相が靖国神社の参拝を非難されても、只只、うなだれてじっと我慢の姿勢を貫くより仕方がないという有様でございます。

此度、東電の希釈された処理水の放出に対して、中国は科学的検査を否定し、日本を世界に危険な国だと言いふらし、自国民を焚《た》きつけて、日本人に迷惑電話を仕向けるなど、様々な嫌がらせをしています。しかも、居丈高に、超高圧的態度で日本を堂々と非難する報道官に対して、我が国の政治家は中国に全く

腰が引けて、敢然と向き合っていない。

こんなことでいいのですか？　政治家の皆さま「遺憾《いかん》です！」というだけではイカンノデ、アリマセンカ?!　当然のことを言うことが出来て、実行ができねば、我が国は今後一体どうなるのでしょうか?!　多くの人々は真に勇気・気概のある国民となることを願っています。日本人古来よりの精神を取り戻しましょう。

このような事を記すと、恐らく皆様には、著者が右翼の人間ではないか？　と思われるかと存じますが、決して右翼でも左翼でもありません。自分はこの人類社会を真に救うのは日本人であると確信しています。その日本の国家：国民が滅んでしまっては、宇宙（地球と日本）を創造された神様に真に申し訳が立ちません。

日本人はしっかりと日本の国民と国家を守らねばならない（防衛と真の世界平和実現の）為に、このようなことを記すのであります。賢明なる皆様のご理解をお願い申し上げたく存じます。

またコロナ過で、大多数の日本人が、実に慎《つつ》ましく忍耐の生活を長期間余儀なくされてきました。（一部の格別悪いことをする人間を除き）不満を漏らさず、暴動も起こさず、平穏に日常生活を営まれておられますことは、世界各国の中でも、実に驚嘆《きょうたん》の他ございません。しかし乍ら、ストレスが溜まっておられる人々も大勢いらっしゃることでしょう。

皆様におかれましては、これから記しますエッセイや、風変わりな実際に有った筆者の体験話（滑稽《こっけい》な、愉快なお話）などをお読み頂き、どうか楽しいひと時をお過ごし頂ければ幸いに存じます。本書では、これが本当に第一部（古事記）を記した著者なの？　と思うようなお話があります。

悪ガキだった少年時代のことを、当時の荒っぽいことば使いで、文章が記されていますが、ありのまま、赤裸々に告白しています。過去の時代言葉とは申せ、乱暴な表現をお許し頂きたく存じます。

翻《ひるがえ》って、自分が歩んできた人生上の様々な場面で、精神的自立・向上をめざしていく上で、長年、精神的な葛藤《かっとう》に苦しんできたこと、幼少期・青年（三十歳頃までの）期に、遊ぶことが大好きな人生を歩んできた私のような人間であっても、神様とのご縁を賜り、自分の心を見つめながら歩んでいきますと、困難・苦難の人生を、なんとか更生の道へと歩ませて頂くことが出来るという体験上のお話しをも記したく思った次第です。

次に、私が気になることにつきまして、現在の日本の諸問題（特に教育問題、健康、マスコミ・政治・行政の在り方、日本人のモノの見方、国を護る意識、気象異変、世界情勢など）について、警鐘のことばをカラクチコトバで記しています。日本人が日本の国柄に目覚め、しっかりと歩んで頂ければと強く願っています。

その中で、いくら考えても不思議なこと、また感動的な場面や、呆れてしまうようなところでは、第一部（古事記）に引き続いて、時空を超えてお見えになる関東と関西のユニークな（架空の）神々にもご登場を願って、筆者の想いの上に、楽しい、篤い応援を頂きます。

また目下、私自身が嘗《かつて》はとても想像すら出来なかったような奉仕活動に日々、真剣に取り組んでいる事…、さらに、皆様には不思議なことと思われると存じますが、本書では「宇宙の真理を伝える日本のこころとことば」という格別ユニークな事柄についても記しています。

ここでは本書の特質として、特に大切な【神】【霊】【霊魂】【魂】など、目には見ることができず、耳に聞くことも適《かな》いませんが、確かにこの世界で人類を厳《おご》そかに導かれる宇宙の根源的な存在についても取り上げています。さらに、【祈り】【愛】及び【波動】というものには、【神】さまと『霊：魂』にも相互に関連していることが分かってまいりましたが、それには一体どのような意味があるのであろうか、如何なる力が生じるのであろうか？　等の神秘的な事について、筆者はできる限りご理解賜れるように努めて記しました。本書では自分自身が実際に出合った不思議な体験話を記しています。そして、心が温まるエッセイと、コミカルなエッセイも記しています。各章（パート）ごとに内容が異なっていますが、皆様には是非、ご関心のある（パートの）テーマを御覧頂けたら幸いです。それと共に、今回、記述しています事柄の中には、著者が『どうしてこのようなことが起きているのであろうか？』と、常に疑問を感じている世の中の不思議な現象や、自分がどう考えても、『それは、おかしくはありませんか?!』と思う問題などをも取り上げています。皆様にもそれらの問題：課題の解決方法を共にお考え頂ければ幸いです。最も肝要なこととして、現在の不安に包まれた不透明な時代から、未来に向かって平穏で安心な世界を築き上げていく為に、地球と人類の命を守るにはいかに人々が努力をしていくべきか、『日本人はこれからどのように歩んで行くとよいのであろうか？』ということについても真剣に考えて所信を記しました。

此度、特にユニークな記述として、筆者が持っている三つの名前（母親から名付けられたもので「茂」「博至」「隆司」）から生じる三種の文字の魂（文字霊《もじたま》）というものが、いろいろな諸問題に対して、茂（こうすれば良いのじゃない！」、博至〔それはだめ！　このようにする方がいいのだ！」〕、隆司〔どちらもだめ！　こんな具合いにしなければ良くない！」と筆者の心と魂に様々に働きかける様子を楽しく記しています。

果たして、このエッセイはどの名の文字魂が働いているのだろうか？　とお読みになられて推測されることも、お楽しみのひとつです（それだけエッセイごとに文章を表現する感覚が異なっています）。

皆様方に、たとえ少しでもお役に立てるようにと願い、エッセイ集を記述したのでありますが、多岐にわたって記したものとなっています。

主要テーマをお読みになられて、もしも眠気をお感じになられるようなことがございましたら、そのテーマ以外にもお好きなテーマをお選びの上、お読み頂く方法もございますので、どうかご拝読を頂き、希望と勇気、歓びなどを、お感じ頂くことが出来れば、心から幸いに存じます。

自分自身、これまでの人生を振り返って見ますと、この世に生を享《う》けたことは実に有難い事であると、深く感謝しています。今あらためて実感しております。

本書の宇宙の真理を伝える日本の心とことばというテーマについて、いろいろと記したく思ったことには、幾つかの不思議な理由があります。

はじめに、第一部（古事記に学ぶ日本の心とことば）の中でも述べましたが、古代日本の私達のご先祖の皆さまは、大変美しい心で、麗しいことばを話されていたのですが、どうしてそのようなことができたのであろうかということが一つの理由であります。和《なご》みの文化によるのだろうか？

実に謙虚で大らかに、他人のことを思いやるという、大変素敵な人々であったこと。そして多くの人々が、非常に優しい、清らかな心で生活をされていたことを学んでみたいと思ったのであります。私たちの先人の皆さま（日本人）は、本当に素敵な人々でした。

次（第二番目）に、私達の先人（祖先の人々）が、この美しい日本の心とことばというものを代々に渡り、日常生活の中で使用され、今日に至るまで、伝えることができたのは、一体どうしてなのであろうか？と不思議であったこと。さらに私たちの祖先の人々は、この広大な宇宙の中に存在する、地球上の大自然の恵みにも、心から畏敬《いけい》の念を篤《あつ》くお持ちでした。古代から日本人は如何なる事（天災や人災）に出合っても、自らの人生そのものを、神仏に感謝の思いを持ち続け、歩まれてきたのです。己を律し、人には優しい、実に尊敬すべき人々でした。そこで、先人の事績・生き方に関連する、宇宙大自然の摂理が顕わす様々な現象についても詳しく学びたいと思ったこと、が本書を記したくなった二つめの理由です。

さらに、三つめの理由は、後ほどのテーマでも記しますが、日本語には言霊というものが響き、それが大きな力となって、人々や世の中に偉大な力を表すものであるという不思議な現象が生じる点について、熟慮して見つめたいことであります。特に今日、地球上で様々な大きな問題が生じている事は何故なのか？そのことを理解の及ぶ限り見つめたかった次第です。

本書では、（神様）が定めた宇宙の真理とその神秘について、いろいろなことを可能な限り見つめていきます。

それではさっそく、宇宙の神秘的な世界から本文を見つめてまいります。

伝えたい　日本のこころ　日本のことば　目次

パート・I〈宇宙の真理を伝える日本の心とことば〉

パート・II〈国歌：教育等、日本人として学んでおきたい諸問題〉

パート・I〔宇宙の真理を伝える日本の心とことば〕

宇宙の真理を顕わす日本の心とことば

令和五年七月のある夕べのことでした。

地球の自然界と人類社会が筆舌に表せないほど混沌とした状況の中にあって、未来に明るい夢や希望が見出しにくい、憂うつな気分でいた筆者自身が、ふと穏やかな星空を見つめている時に、自分の心の全てが洗われていくような、清々しい大変不思議な気分（感動）を感じたのでした。

果たして、皆様が麗しい夜空を御覧になられた時にはどのような感想を想い浮かべられるのでございましょうか？　恐らく、いろいろなイメージや想いを抱かれることでしょうね！　この世を生きる多用な人々も、澄みきった夏の夜の星空を眺めていますと、自然にうっとりとしたロマンチックな気分に浸《ひた》ることがあるかと思います。そのようなときには、自然に心が癒《いや》されてまいります。恐らく私たちのご先祖様や古代の人々も、同じ思いを抱かれたことでしょう！　自分自身も同じように、眺《なが》めていて心が大変癒《いや》されました！

さて令和四年十一月八日には、四四二年ぶり（織田信長が生存中の安土桃山時代以来）の天体ショー（皆既月食、天王星食、惑星食との同時観測）を見ることができました。それは実にロマンに満ちた光景で、夜空にはっきりと見ることが出来ました。

そして、冬の或る日、夜空を見上げた時に想像したことですが、「見えてくるオリオン座の流星群まで行くには、ロケットに乗れば、幾日でいけるのであろうか？　数か月位で行けるのであろうか？　と。或いは、もっともっと時間がかかるとしたら、果たして幾年の間、乗っておればオリオン座まで行けるのだろうか？」と思いました。

いろいろと調べて分かりましたことは、光の速さの乗り物に乗っても（オリオン座のベテルギウス星）まで行くには六四〇光年かかるというのです。

ロケットの速さで一光年進むには二八五〇〇年かかると言われていますから、ロケットで到達するには一八二四万年かかることになるというのですね！　頭がオカシクなりそうです。

これでは、とても行けそうにありませんね!!　そしてそのようなことを想像しているときのことですが、私は次のような幾つかの不思議な思いをしたことがあります。

『この広大な宇宙は一体どのような具合に出来ているのだろうか？？　果たして神様がお創りになったのであろうか？？

そうすると、どのようにして創造されたのであろうか？　もしも神様がいらっしゃるとすれば、宇宙の中のどこにおられるのであろうか？　ということ等を想い浮かべたことがあります。

さらに、この宇宙の中に地球が生まれ、またその中に人類や多くの生命が生まれてきたのはどうしてなのだろうか？　それにはどのような意味があるのだろうか？』などと、心の中に不思議な思いが幾つも浮かんでくることがありましたが、多くの先人もその時代時代に、神秘的な夜空を見上げて同じように、さまざまな不思議な想いを抱かれたのではないかと推察いたします。

きっと、この本をお読みになられている皆様も同じように『宇宙の神秘的光景には感無量！』となる想いを、お感じになられたご経験がお有りのことと存じます。そして、『宇宙というものが神様のご意思で生まれたものであるとすると、神様が人間に意思と大きな力を授けてこの世に生んで下さったように、宇宙そのものにも意思（意識）なるものと、力が与えられて、存在しているのではないであろうか？と思いました。

さらに、その宇宙の意思なるものは、神様のご意思（意識）と全く同じ意識を持つものなのではないだろうか！』と私には思えてくるのです。

それらの疑問や、関心（興味）が湧き出てきたことも含めて、自分が宇宙の神秘的な摂理に、様々な思いを巡らせ乍ら、今（令和の時代）を生きる一人の人間として、本書の記述を思い立った次第であります。

さて、ことばで表現できないほど、美しい夜の星空の姿を眺めています時に、ふと今日の地上世界の混迷《こんめい》した世界の有様について、不思議な想いが浮かんできました！

今日の人類は、このままでいつまでも永続できるものだろうか？という疑問の想いが脳裏に浮かんできたのですね?! その脳裏に映像となって見えてきたことは、戦争で傷つき、貧困に苦しみ、水も食料も不足した、生きる術《すべ》が見えない多くの難民の姿でした！

宇宙の世界の美しさに比べて、実に暗澹《あんたん》たる思い・感情が沸き上がってまいりました。残念なことに！

現実には、世界中で様々な問題が生じており、多くの人々が大変苦しんでいます。

また、世界の国々の中では、かなり恵まれた我が国でありますが、最近の国内のいろいろな出来事を見聞きするときには、ホントニ、心の安《やす》まる日がありませんですね！

妻が美容院へ、私は理髪店に行ったとき、『このままでは、日本の国は一体どうなるんやろうか？ホンマニ大丈夫ナンヤロカ？（筆者は関西弁を話します）』と偶然にも全く同じことを夫々《それぞれ》が店主と話

し合っていた、ということがあったのでございます。

本書では、果たしてどうすれば「人類はもっと平和に、仲良く助け合って生きて行けるのだろうか？」といったことについても、知恵をしぼって考えていきたく思います。

そして、心の安らぐ安心で平和な、繁栄する世界を築くために、私達はどのように歩んで、生きて行けば良いのか⁉　どのように取り組んでいけばよいのであろうか？　ということても重要な事柄についても真摯《しんし》に見つめてまいります。

さて、私達ひとり一人の人間は、この地球上に生まれてくるのでありますが、そのことについて、ほとんどの人は、その不思議さも疑問をも大きく抱くことはありません。

地球という大宇宙（大自然）の星の中で生まれてくることであるから、そのことは当然のことであると思っているからでしょうね。

ところが、人間を生み、育ててくれるこの地球は果たしてどこから生まれてきたのでしょうか？　というその問いかけを致しますと、少し戸惑ってしまいます。というよりも、深く考えていると、頭を痛めてしまいますね！

そこで、宇宙そのものについて、いろいろと想像してみたいと思います。

先ず、この宇宙の中にはどのような星が存在するのでしょうか？

この問いかけについては、私たちが幼いころ（小・中学生時代）に学んだことでもありますが、ここでもう一度、子供時代の記憶を辿《たど》ってみましょう。この果てしなく広い宇宙には、数えきれないほど多くの星々（恒星・惑星・衛星など）が存在します。一般に、人々によく知られている星として、恒星《こうせい》（自らが光を放つ星＝太陽のような星：それぞれの恒星は核融合反応によって生じるエネルギーにより光る）が無数に存在しています。

次に、惑星《わくせい》（地球がこれに当たります。自らは光を放っていません。恒星が放つ光を受けて、その恒星の周りを公転しています）。

そして、衛星《えいせい》（お月さまは地球の衛星で、惑星の周りを公転する天体のことです。純惑星：小惑星の周りを公転する天体です）。これもまた無数に存在します。

そして、これらの非常に多数の星々が大きな塊《かたまり》となって存在している広域の集団があります！　広範囲に存在する星々がひと塊の集団となっているグループの名として『銀河』と名づけられています。私たちが住んでいるこの地球は、太陽という恒星を中心として存在する惑星の一つですが、地球は天の川という銀河系に所属している惑星です。さらに、この広大な宇宙には、超巨大な単位として、ガス状で出来た星団と呼ばれる多くの集団があります。他にも、星雲《せいうん》(ガス状のもの)があると認識されています。

宇宙の広さについて

一体、この宇宙はどれほど広大なものであるのでしょうか？私達の想像を絶する広さのものであることは疑いありません。

光の速度は1秒間に約30万キロを駆《か》け巡《めぐ》ると言われていますが、距離にしますと、一秒間に地球を七周り半する距離に匹敵するものであります。

その光の速さのスピードでもって、天の川銀河の端から端まで行くには約一〇万年かかると言われているのですね（約一〇垓《がい》メートルの距離：一の後に〇《ゼロ》が二十一個という数の単位）。

恒星が数千億個集まって一つの銀河が構成されています。これまで宇宙の謎のひとつが、果たして宇宙にはいくつの銀河の数が存在するかということでした。

その銀河の数は、最近まで観測可能なものが約一〇〇〇億個から二〇〇〇億個とされていたのですが、ハッブル宇宙望遠鏡による研究チームの新たな研究によって、銀河は、この宇宙に二兆個

以上存在するということが判明したとされています。

これだけ大きな数になりますと銀河間の距離やその大きさ・広さを認識することは、普通ではとっても難しく思います。私たちが普段使用していない桁《けた》数の単位で距離が計られると言われます。

ワタシガ、リカイ、スルニハ、ホントニ！　アタマガ、オカシク、ナリソウナ単位ノ数ヲ要スル距離デス!!

そして、地球が誕生して四五・四億年とされています。

一般的に、宇宙が誕生したのは約一三八億年前であると言われます。

次に、現在では宇宙の端から端まで行くには光の速さで約一〇〇〇億光年かかると言われています。モウ、ココマデクルト、ザンネンナガラ、ワタシノ（チリョク、ハンダンリョク、ニンシキリョクヲコエタ）リカイデキガタイ、マサニ、ムゲン、トモイエルヨウナ、キョリデアルト、オモイマス。

さて、筆者のみならず！

第一部にご登場いただきましたる関西からの、現代の、ビックリノ神も、突如現れはりました。

「コンナオオキナ空間ヤ、キョリワ、ワテラノカミガミデモ、ヨクワカラヘンデ！　宇宙ガデキタコロカラノオハナシヤカラ、ワテラハ、ゲンダイノ　カンサイノ神々デッシャロ!!　ソノヨウナセツメイヲセヨトイワレテモ、ムツカシオマスワ！ビックリシテマンネンデ！　ホンマニ!!」と申されました。

宇宙と神様の存在について

無限に広がる広大な宇宙の中に、星々やいろいろな生命などを生まれたお方が存在するのですから、途方もなく偉大な力をお持ちのお方であることだけは確かであります。

何故なら、もしもこの宇宙が、何もない混沌とした暗黒の無秩序な（カオス）状態の世界にあるならば、このような自然や、星々や生命などが存在するはずがないからです。

この宇宙には星を生み、その中に生命を育て、進化させていこうとする循環の営みがあるから、広大な宇宙が秩序を保って進歩をしつつ運行しているのですね。少し難しい表現をするようになりますが、

宇宙の中には、自然の働きを司《つかさど》る、意思と力と祈り（作用させる働き）があるので、宇宙が進化発展をしているのです。この意思と力を司られる偉大なお方のことを私たちは神（大自然の摂理）と呼んでいます。

宇宙は循環《じゅんかん》（生成《せいせい》発展《はってん》・退化《たいか》滅亡《めつぼう》の無限の繰り返し）の摂理《せつり》に基づいて生成進化をしています。進化論自体が宇宙の中に意思と力がある、ということの証《あかし》となります。

ここからは、神様の存在と宇宙の真理という、非常に高遠《こうえん》（高尚《こうしょう》で遠大《えんだい》）なテーマに沿《そ》って、必要な項目を記します。

記述した文章が神様のご意思に適う適切なものとなっておれば幸いに存じますが…、神秘的な文章とその意味について、皆様と共に繙《ひもと》いてまいりたく思います。

『それは本当なのだろうか？？』というようなことが記述されています!! 筆者自身が、ここから記されていく新鮮なことばに、大層驚いている次第でありますことを申し上げます。

それでは、上記のことについて、詳しく述べられた文章を記します。

宇宙の始まりと神様のご意思について

ひふみともこ著　続神誥記より

宇宙の始まりについて

『先ずは宇宙の始まりのとき、この世というも、あの世というも、全ては混沌、カオスの状態。ひとつの形も、こと（現象）もなく、教えも思いもさらになく、ただに秩序の無き世界。なれど一つの力の表れ、一つの意思と、意識となりて、一つの力を集めゆき、そこから形の表れて、そこから幾つの意思に分かれて、さらに枝葉の伸び行く如くに、意思なる力の発達しゆく…（中略）』

このように、宇宙の始まりのときを神様が具体的に説明されています。上記の文章は、少々難しく感じますが、原文を現代の語で記し、筆者の推量に基づく文章を加えて記述します。

《この世の始まりの時、宇宙は混沌とした状態で、全く形になるものや、現象が見られない、教えも、思いや、意志というものの、何も存在しない無秩序な世界であった。その宇宙の中にあるとき、力が顕れて、一つの意志となり、意識となって顕れて、それが一つの力を集めて行き、そこから形が現れて、それらは幾つかの意志に分れていった。

ここは、一本の木が芽から成長していく姿を思い浮かべますと、大宇宙に（芽「力」が出現し、それが一つの意志となり、幹となって現れ、一つ一つの枝葉に成長し、木となり成長していく姿が浮かんできます。すると、力と意志なるものの、その意味が理解でき易くなるように思います。

さらに次々と（枝葉が伸び行くように）意志という力が宇宙の中で発達していくことになるのであった。

ところが、その頃は、まだまだ宇宙の世界は、はっきりとした姿ではなく、神という偉大な存在も未だ現れていない宇宙の原初の頃であった。

或るとき、宇宙の一点（一か所）に一つの奇跡が起きた。

小さな爆発、噴火のような、それまでにはあり得なかったほどの強い力が集まって意思も芽生えてきた。

それら各々が強い自覚を持ち始めたのであった。爆発と共に光が顕われた。光は神であった。偉大な意志（神）が現れて、さらに巨大な意志（神）となって己と他とを区別することが生じた。そして力の役割と働きを決めて、それぞれが一つの働きをして、一つ一つの役割を果たすことで、全体が一つの働きをしていくようになった。

それは、人の生まれていない遥《はる》か昔の、何千、何万、何億年も以前のことであった。その頃は　宇宙の星々も、銀河も存在していなかった、ただ意志と力（エネルギー）だけの世界であった。

以来、実に長い時間を経て、宇宙の片隅に、今の地球が生まれ、現れたのである。そこに自然の世界を作り与えて、そこから生命の始まりを与え、それらに意思を授け、与えられたのであった。そのとき、この世に最初に現れたものは、本当に小さな儚《はかな》い命であった。ところが、そこから全ては始まっていくのであった。やがて幾多の試練や苦闘を乗り越えて、とうとう人類は今日の文明文化を発達させて、今のこの世界を築いたのである、というのがそれまでの経過（道筋）なのである。

それは、ひとかたならない、困難なものであった。途中には、実に多くの犠牲者が出たのであった。空しく死んで、朽ち果ててしまうような生命でもあった。しかし、この世に生まれたものは、真に尊い命であると祝福されることであろう。今日に至り！

神の恵みをこれからも一層大きく受けて、神のご意志を顕わすべき時がきているのである。

宇宙の始めの神のご意志は、ただ単なる物質文明の発達にあるのではなかった。人の心の、意志の栄える精神世界の発達することにあるのであった。

しかし、今の世の中の流れ（趨勢）は、神のご意思とは反対の繁栄となってしまった。それ故に、今は、立て替え直しの絶好の機会でもあるのだ。この世に起きた全てのことには無駄も、無意味であることもない。全てが次の一歩を踏み出す為のものなのだから、嘆き、悔いる必要はないのである。

そうであれば、この世の始めのことは今の答えに現れていないだろうか？　人の思いはやがて、必ず形となって表れ、実現するであろう。故に、始めの神の思い（神の経綸：御計画）も必ず起こって、この世を動かすことになるであろう。

かつての、遥《はる》か昔のことを今の世界に見つけることはとても困難なことなのである。しかし乍ら、宇宙の始まりの時は無の世界であったというのも誤りであって、全く混沌《こんとん》としたありさまの世界であって、秩序もなくて、光りもなく、音もない、想像さえもとてもできないようなカオス（混沌とした状態）の世界であったのである。》と、このように記述されています。

宇宙が神さまの創作されたものであるとすれば、【創作された全てのモノの中には神様の祈りが籠められている】と推察できます。

さて次に、神様は宇宙の中に真理や法則をどのようにして想像されたのであろうか。その祈りというものはどのようなものであろうか？　という思いがします。そのことについて、同書一一二頁には、次のように記されています。現代語に改めて、現在のことばで記します。

《宇宙の真理というものも、また、徐々に定められてきたものであり、この世が出現して形づくられてくるにつれて、それに従って法則が生じてきたのである。しかしながら、真理というものは神のご意思である。この世を作られた神のご意思がそのまま宇宙の真理となったのである。

それ故に、真理はこの世の物質と、この世界の自然に働きかけて、この世界を動かす元となるものであるから、真理を破壊することは神のご意思に対する最大の反逆をすることになるのである》（中略）

神の真理（ご意図）はことばに表れる。また、数字や数式、記号にも表れる。それを発見した人類は、物質文明を発達させてきたのであった。

けれども、最も肝心なことである神のご意図（想い）を理解していなければ、やがて真理（神のご意図）は萎《しぼ》んでしまい、働かなくなるのである。

人は、数式だけでこの世を変えようとして、ことばの意味だけを利用してきたが、このような誤ったこと、即ち、人類の間違いを正しく改めなければ、やがて、人類は消滅してしまうのである。そして、全てが原初の世界に戻されてしまうこととなるだけなのである。

そのような次第であるから、今現在、神は、ただ見守られるだけなのであり、人々の正しい気づきをひたすら待ち願われているのである。

神は、この世を動かす真理の発動を、神のご意図の発揮することを遅らせ、伸ばして、待ち侘びて（待ちかねて）いるだけなのである。

だから、人々よ、是非、努力をして、少しでも気づきを深めていきなさい。

神のご意図を理解して、そのお役に立てるように、よく手伝って人類を救いなさい。この宇宙の世界から消されないように、残すべき魂として、一人でも多くの魂が存在できるように導きなさい。これまで記されてきたことの中で、とりわけ大事なことは、人類がこれまで神のご意図とは異なる点、つまり、人類がこれまで努力してきたこと《人類が精神世界の発展よりも、物質世界（欲望の世界）の発展に力を入れ過ぎていること》を神が大いに憂慮されているのである。というのも、《物質生活の発展を目指していると、欲望の世界に努力を傾注することとなり、限られた資源やエネルギーや自然の恵みを、奪い合い、挙句の果ては、人類が戦争や紛争に明け暮れて、人を殺し合うという、凡そ神の思いとは全く逆の方向に歩んでいることをひどく心配されているのである》。

早く人類がそのことに気づいて、自らが神の願いに基づく生き方（慈愛と感謝と謙虚さ、公正さを養うことによって人類が平和に繁栄していくことに努力する）ことが神への大きな安心を与えることとなる。

さらに、それが神へのご恩返しとなることを、教えてくれているのである。

以上を踏まえて考察致しますと、宇宙の中には神秘的な力、神の力が厳然と働いていて、地球と自然界を作り、多くの生命を生み、さらにその中に、人類を生んで、今日にまで至ってきたものであると考えられます。

地球上に存在する一切合切を、根気強く恵みを与え続けて下さる神様の摂理を想う時、多種多様の大きな恵みがあるそのお陰で、全ての生命が生存できるということを考えれば、人間は神様に、心から深く感謝を申し上げることが肝要《かんよう》なこととなります。

宇宙が発展し、地球も進化を遂げ、その中で、人類も神様のご意思どおり、進化することを願われて生まれてきたものであるとすれば、神の願いを素直に受け止めて、人類は真摯《しんし》に生きていくことが大事なことであるということが判ってきます。

つまり、宇宙の進化と同様に人類が進化をする為にも、神の御心に適うような生き方を自発的にしていかねばならないことが、人類に求められているということであります。

神の御心に適う生き方ということは、常に、感謝の心が厚く、謙虚で素直な心、人や他の生命をも慈しむ（思いやりのある）心でもって、人生を歩んでいく事が肝要な心掛けとなります。

それには、試練にもよく耐え、忍耐強く生きていくこと、そして希望と勇気を持ち合わせていくことが必要となります。

書記には、そのような心掛けを通して、私達の魂が磨かれていくと述べられています。

人間の魂の浄まりを、神様が人類の全ての人々に望まれていますが、私たちの魂は、たった一度限りの短い人生において、神様の望まれる如く浄められることは極めて困難でありますから、人間として、神に近い魂の持ち主になる為にも、この宇宙の（循環の法則が働いている）世界に、私たちは無限の生命を繰り返し与えられていく必要があるということが記されています。

つまりこの世に、人生を授かる度たびに（＝輪廻）、人としての修養を繰り返して、心と魂を高めていく事を幾度も重ねていけば、やがては、神のような魂の持ち主に近づいていけることになると理解できるのであります。この宇宙意識（＝神の心）と人間との係わりにつきまして、後半にも、新しい分野から記します。

今後、私達はいかなることを心がけて生きて行けば、神の御心に適うのであろうか？　僭越《せんえつ》乍ら、この世で、よりよい人生を送る為にも、未熟な筆者が、これまでの人生で幾度も、失敗や挫折《ざせつ》を重ねて気づいた様々なことについても記します。

そして、宇宙的な視点（神様の眼）から眺めてみると、それらの取り組みは一体どのような意味となるのかということも推量《すいりょう》していきます！

現在を生きる私たちの生き方と、今日の世界に現れる現象を見つめつつ、少しでも人々のお役に立てられますように、筆者の思いを、ざっくばらんな表現で記したく思っています。

さて、ここで一言申し上げたいことがあります。それは、日本と世界が平和で繁栄していくうえで、真っ先に考えて、取り組んで行かなければならないことがあります。それは取りも直さず、国家百年の大計に基づく教育方針が　国民：国家：世界の人類の上にも、最も重要な根本施策《しさく》となるということなのです。良き教育を実施することが、良き人間作りの根幹ともなります。

良き国民が良き国家を築き、良き国家は良き世界を築くことに繋がるわけですから、国民と世界の人類の福祉に最大の力を発揮することとなるのであります。

現在行われている教育について真剣に考えて、その改善に取り組むことが一番必要、尚且つ、急がれている事柄なのです。

これから、教育関係について記しますが、日本の国が良くなるのも、悪くなるのも、それは、ひとえに教育の在り方に関わってまいります。

私自身のことを振り返ってみます時、正直に申し上げますと、若年時から、不平や不満の心が多かった自分自身を想い起し、自分は如何に感謝の心が乏しい、至らぬ人間であったかと思い、実に恥ずかしく感じる次第です。これから記述します事柄について、そのようなことを踏まえた上で、自分自身が歩んできた人生上の様々な至らぬ体験について、恥を忍んでありのままに記述をいたします。

これから記述していることがらにつきましては、驚くような事実と、今では絶対に発することが出来ない文言とが記されています。特に、次の《戦後の我が国の教育》というテーマでは、ことばづかいが関西弁で、呆れるほど、荒っぽい表現（歴史的史実として掲載された文言）になることを申し上げたく思います。今から約六十五年前に生じたことを物語るものです。今日では以下に記す表現はタブー（不適切）とされているものですが、あくまでも歴史的資料として、当時の事実（行いや表現）を記述しました。

ここまで、恐縮に存じますが、眠くなるような文章表現が多くて、皆様にお与えしてきました眠気《ねむけ》は、次の文章を御覧になれば、きっと消え去ることと存じます。

戦後《せんご》、我が国では一体どんな教育がなされてキタノ？

想い起しますと、とても可笑《おか》しい、ホントニ歪《ゆが》んだ異常な教育を、実に長期間なさいましたですね！　今から思えば、どうしてあんな劣悪な酷《ひど》い教育ができたのか？　不思議です。最近は、ようやくその酷《ひど》さも底から脱して、より良い教育の方向に向いつつありますことは実に有難いことです。

我が国では、戦後約一五～二〇年間は実に残念な事に、先人《せんじん》が一生懸命に尽《つく》されたその尊《とうと》い努力《どりょく》に対して、最も大切な感謝《かんしゃ》の心と敬《うやま》いの念《おも》いを大事に教える教育がほとんどといっても良いほどなされなかったのです。

当時ノコトヲ想イ出スタメニ、記憶ヲタドリ、ココカラハ、カタカナデ記シマス。

（特ニ、昭和二十～三十年代ノ前半ハ酷《ヒド》カッタ）当時ノ日教組ノ影響を受ケタ教師達ハ、実に不見識ナ思想教育ヲ全国的ニ行ナイマシタ。

ソノ結果トシテ、『六十代～八十代前半ノ人々ヨリモ、総ジテ、二十～三十代ノ人々ヤ今ノ小・中・高ノ生徒達ノホウガ、ハルカニ常識ガアル』トイウ特異ナ現象ガ起キテイマス。

教育界デハ、戦後二十年間余り、先人ノ尊イ犠牲ノオカゲデ今日《コンニチ》ノ日本ガアルコトヲ忘レテシマイ、悲シイコトニ、自分ノ国ヤ国民・国旗・国歌ヲ蔑《サゲス》ムコトニハ大変熱心デアッテモ、純粋ニ国ヲ愛《アイ》シ、尊ブ心ニ関シテハ、ホトンド教エテコナカッタ！　ソノ上、偉イ先生方ハ何故カ、生徒達ノ心カラ神仏（宗教心）ヲ徹底的ニ遠ザケタ。

全テノモノハ天地ノ恵ミ（大自然ノ力）ニヨッテ生マレ、豊カニ実《ミノ》リ、ソノ大キナ恩恵《オンケイ》ヲ受ケテ、人間ハ、始メテ生活ヲ営ムコトガデキルノデスガ、「ソノコトガ有難イコト」トイウ人間トシテ最モ大事ナ感謝ノ心ト、真実：真理ヲ教エル教育ヲホトンドシナカッタ。

逆ニ、マルクス共産主義的思想ヤ物質崇拝思想ヲ力強ク植エ付ケタ！

多クノ先生カラ、小・中学校ノ生徒タチガ（丁度筆者ガ小・中学校ノ生徒時代ノコト！）極左的ナヒドイ教育ヲ！　革命的ナ講話を受ケタ、ソノオ蔭デ、数年後（一九六〇年代）ニ、現体制ヲ崩壊サセヨウトスル、学生闘争ガ全国ノ沢山ノ大学デ頻繁ニ発生シタ！

コノ世代ノ少ナカラヌ人々ニハ、気ノ毒ナ事ニ、心ニ『皆様ノオカゲ様デス！』ト思エズ、感謝ノ思イヲ、抱クコトモ、表スコトモデキナイ人々ガ結構オオイノデス。

敬老《ケイロウ》ノ精神ヲ養《ヤシナ》ウコトヤ、感謝・報恩《ホーオン》ノ心ノ大切サ等ハ、十分ニ教エラレテイナイ。コノ世代ノ人々ニハ、カワイソウニ！『恩』トイウ言葉ヲ学ンダ人ガ、少ナイノデス。非常識ナ教育ヲシタ教師達ノ被害者ニナッタノデシタ！

　我ガ世代ナガラ、実ニ哀レニ思イマス！　アノヨウナヒドク歪《ユガ》ンダ教育（筆者自身ガ小・中学生時代ニ体験シタ事：例エバ、政府ヤ日本ノ国ノ、又皇室ヤ、自民党ノ悪口ヲ、歴史ヲ改竄《カイザン》シテ教師達ガ毎日、罵《ノノシ》ッテ私達ニ聞カセタ言葉ヲ、イヤニナルホド、陰鬱《インウツ》ナ話ノ授業）ヲ幾度モ幾度モ、シツコク受ケレバ、正義感ガ強イ若者ノ多クハ、国ヤ権力者ニ心ノ底カラ反発スルヨウニナッテシマウノモ当然デアリマス。ソノヨウニ、多クノ教育者ガ仕向ケタノデスカラ、実ニ悪質デ、残酷《ザンコク》、且ツ、ヒドイ、ト言ワザルヲ得ナイ!!

　子供タチニ物事ノ本末《ホンマツ》（何ガ大事デ、何ガ大事デナイノカ）、ソノ軽重《ケイリョウ》ヲ教エ、更ニ、自分以外ノ周《マワ》リノ人ヘ、思イヤリノ心ガ育ツヨウニ、シッカリト教エナカッタ！

果タシテ、シッカリト教エタト、自信ヲモッテ言エル人ガ幾人オラレルデショウカ？　今、思イ出スト（ヨクモアノヨウナ教育ガ出来タモノダ）ト悲憤慷慨《ヒフンコウガイ》（悲シミ憤ル）ノ念ガ激シクナルバカリデアル！　大切ナ公共心ヲ培《ツチカ》ウトカ、人ノ為ニオ役ニ立ツ心ナドヲ育テル教育ガ大変少ナカッタ。筆者が現実ニ（小・中学時代）ソノ有様ヲズット眼ノ前デ見テ、体験シテキタノダカラ、ヨク判ッテイルノデアル！

ココカラ述ベル事柄ハ約六十五年以前、筆者ガ中学生時代ノ反抗期ノ憤激《フンゲキ》ノ思イニ溢《アフ》レルコトバデアリ、カナリ厳シイ文言ノ入ッタ記述トナッテイル。今ノ時代ニハトテモ使エナイ表現デス。神の御心ニ叶ワナイ表現デ申シ訳ナク思イマスガ！

「品が悪過ギルカナ？　書クノヲ止メヨウカナ？」ト、幾度モ幾度モ思ッタノダガ、「荒ッポイ関西弁ノコトバヲ気ニスルヨリモ、当時ノ真相ヲ当時ノコトバデ、オツタエスルホウガ、ハルカニヨイコトダ」ト思イ直シマシタ！

昨今、多クノ日本人ニハ何カト、ストレスノ溜《タ》マル時代デス。ココヲオ読ミ頂キ、溜《タ》メラレタ、ストレスを発散シテ、オ笑い頂ケルコトガアレバ、ソレモ又、良ロシイノデハナイダロウカ？　ト思イ直シマシタ。

又、人間ハ決シテ奇麗ゴトバカリデ生キテイルモノデハナイトイウコト、コレハ筆者ノ少年時代ニ起キタ歴史的事実ヲ述ベルモノデアルトイウコトヲモ含メマシテ、アリノママヲ記サセテ頂クコトガ良イト思イマシタ。

ナゼ荒ッポイコトバニナルカト言エバ、想イ出スノモイヤニナルホド腹立タシイ事ガ多過《オオス》ギタカラデアリマス！　ソノ体験ヲシタ、ヒドカッタアリサマノゴク一部分ダケヲ、フリカエリ、ココデ当時ノ真相ヲノベサセテ頂キマス。

戦後ノ間モナイ（昭和三十年代前半）頃ノコト。ホトンドノ先生方ハ軍隊帰リノ先生バカリデアッタ。ソレハ、全ク厳シイ軍隊式教育ノヨウデアッタ！

日本ガ戦争ニ敗ヤブレタソノ腹イセヲシテイタノカト、思ウホドデアッタ。教師ガ酔ッテ、実ニ臭《クサ》イ吐息《トイキ》デ授業ニ出ルノハ、ゴク普通ノコトデ、少シ返事ガ遅カッタリ、ヨソ見ヲシテイタラ、ビンタヲハラレタリ、ローカヘ、ツキトバサレタリ、耳ノ横ノ毛（ビン）ヲ上ニ　ツマミ上ゲラレテ、吊ツルサレルノダ！　スルト、痛イモンヤカラ！　背ガ一〇センチクライノビアガルノヨ。私ハ、反発心ガ強カッタカラ、

『ナニヤッテンネン！』トツブヤイタラ、キコエテタノカ『ツウシンボガ四カラ一ニナッタンヤネ！』『アホクサ！　センコウメ（先生のこと）悪《ワル》スギルワ！』ト、シバラク『腹ガ立ッテ、ショ

ウガナカッタ！　ホンマニ！』

アノオッサンタチ（教師）ハ、イツモ自民党ノ悪口、皇室ノ誹謗中傷（皇室ハ税金ノ無駄遣イ）等、暴言ヲ吐クノモ、虐《イジ》メヲスルノモ、ホトンド毎日ノコトデアッタ。

学校ノ教諭ガ皇室ノ悪口ヲ言ッテイタコトヲ父親ニ伝エタトコロ、天皇陛下ヲ尊敬シテイタ父親ハ、真ッ赤ナ顔ニナリ、カンカンニナッテ怒ッテイタ！　教諭ガ言ッタコトヲ伝エタダケナノニ、我ガ家ノ夕食時ニ激シイ口論トナリ、親子喧嘩ヲシタグライナノダ！　想イ出スト、アノオッサン（教諭ノコト）タチハ、イマダニ、トテモ許セナイノダ!!　アル教師ハ、私ガ英語ノ試験デ、友人ノ級長ト同ジ解答ヲシテイタノニ、私ノ解答ヲ不正解トシテイタ事ガ分カリ、ソノ英語ノ教諭ニ「コレハ正解デアリマセンカ？級長ガ正解ナノニ私ガ不正解ニナッテイマスガ？」ト尋ネタラ、『生意気ヲ言ウンジャナイヨ!!』ト私ノヲ正解ニシナカッタ。差別的扱イヲ受ケタ事ニ、ホント腹ガ立ッテ仕方ガナカッタノダ。今ダニハガユイ思イヲスルノダ！　実ニ陰険《インケン》、且ツ、イジワルデ、アクシツ！　異常ナ教師デアッタ。又ネ、好感ノ持テタ楽シイ教諭デアッタガ、毎回クラス全員ノテストヲ手渡シデハナク、２階ノ窓カラ下ノ運動場へ投ゲ落トスノダ！　我々ハ慌テテ、答案用紙ヲ拾ウ為、ネズミガ、急イデ逃ゲルヨウニ、下へ、走ッテ拾イニイッタ！

シカシ、教諭ガ真ッ赤ナ顔デ、怒リナガラ投ゲ落トス　ソノ光景ヲ見ルノハタイヘン楽シカッタノダ！クラスノ全員ガ「ウワ〜！」トイウ歓声ヲ上ゲテ、ソノアリサマヲ見ルノヲ喜ンダリ、不安ニナッタリシタ！

ダレダッテ、自分ノ成績ヲ皆ニ知ラレタクナイモンネ!!　ソノヨウナ事ガ、ゴク普通ニナサレテイタンヤカラネ!!　マサニ生徒ハ教師ノ虐《イジ》メノ対象デアッタノダ！　教師ノストレスノハケ口ダッタノヨ!!ホント！　但シネ！　大キナ声デハ、言エナインヤケド！　イツモ、ソノヨウニ、吊《ツル》シ上ゲラレテバカリデハナカッタノダ!!　実際ノコトヲ、白状ヲ致シマスト、我々モヤネ、ソウイウ悪イコトヲスル教師ニハ、強イ反発ヲシタノダ！　破廉恥ナ事ヲ教エル教師ニハ、過激ナ暴言ヲモッテ答エタンヤカラ!!ホンマニ！　ムチャクチャ腹ガ立ッテイタンヤカラ。悪イ教師ヲミツケルト、級長ヲハジメ、クラスノ男子全員ガ、２階ノ窓カラ、カレラヲ睨《ニラ》ミツケテ、名前デハナク、渾名《アダナ》デ呼ビツケタ！

大声ヲ出シテ、ドナリツケタ！『〇〇〇〇!!　エエカゲンニセエ！　悪イヤッチャヤナア！　オッサン（先生）！　エエカゲンニセエ！　オッサン（先生）ガ、ソンナ悪イ事ヲ、シテモエエンカ?!　オッサン（先生）ノドアホ!!

コノワル！　コノド〇〇ベ!!　ホンマニ、シャナイオッサンジャ!!　人間ノ中デモ、最低《サイテイ》ノオッサンジャ！』

シカシ、コレ以上、具体的ニシルスト、読者ニ、気絶サレテハヨクアリマセンノデネ、モウ、コレイジョウ書クノハ控《ヒカ》エマスガ、アノオッサンタチ（当時ノ日教組ノオオク）ハ実ニ悪スギタ、ホント！　トテモマトモナ教師デハナカッタ！　以来、日教組の研集会：全国大会が開催サレル模様ガ毎年、ＴＶデ報道サレマシタガ、毎回、暴力団ノ大会ノヨウナ険悪ナ開催状況デアッタ。高年ノ方ハＴＶデゴ覧ニナリ、ヨクゴ存ジダト思イマス。コレマデニノベタコトハ、マギレモナイ事実デアルコトヲ述ベテオキマス！

今デハ全員、一発デ首ニナルコト一〇〇〇〇〇％確実デス!!

但シ、全員デハナク、他ノ七〜八人位ノ教師ハ逆ニ、トテモ良イ人々デアッタ事ヲ、良イ教師ノ名誉ノ為、記シテオキマス!!

コレハ約六十五年余リ昔ノコトデ、モウ、スデニ時効デショウネ？　後《アト》カラネ、筆者ノ悪ガキ時代ノ、悪カッタ事ヲモシルシマスガ。

サテ、ソノアナタタチハ！　モハヤ、今デハ九十歳ヲ超エ、一〇〇歳近クニナリ、モウスグアノ世ニ召サレテイク頃ニナッテ、コンナ話ヲ聞カサレルノハ、タマランデショウガ、コノママデハ、トテモ三途ノ川ヲ超エラレヘンカラネ！

清ラカナ魂ヲ取リ戻シテイタダイテ、無事ニ、三途ノ川ヲ渡ッテ頂キ、アノ世デ精進ヲシ直シテ頂ク為ニ、慈悲深イ思イヲコメテ、書イタンヤンカラネ！　ゼヒ一度、学ビナオシテオクンナサイ！

トイウノモネ、「恨ミ、ツラミハ醜《ミニク》イ所業デアル」ト、神様ハ仰ッテイマス。ジツハ私ガ、コノコトヲ学ンダ時、私ハ無茶苦茶腹ヲ立テテイタモノデスカラ随分ト、頭ヲ抱エテ、ホントウニ悩ミ苦シンダノダ！

神様ハ、恨ミ、ツラミナドハ「決シテ起コスナ！」ト、「人ヲ汚シテ、己ノ魂モ低メルノミダカラ」ト、注意ヲサレテイマス。ナカナカソノ恨ミヲ忘レルコトガデキナカッタ自分デシタガ、ソレデモ、私ハ思イ切ッテ、コレマデノ、腹ノ立ツ思イヲ、清水《キヨミズ》ノ舞台カラ飛ビ降リル決心ヲシテ、心カラ深ク悔イ改メテ、不十分ナガラモ、ヤワラカイ優シイ心ニナレルヨウニ、努メテイルトコロナンデスガ、高年齢ニナルト、ナカナカ簡単ナモノヤアリマヘンデ！　ヒトコトモウシアゲマス。モシモ、次ノ世ニモ、教師ニナラレルコトヲ望マレルナラバ、コノアトノ文章ヲネ、シッカリトオ読ミ下サルコトヲ、コイネガイタテマツリマス!!

私ハ、悪ガキノ生徒ダッタ事ヲ、本紙ヲ学ビ、深ク反省致シマシタ。願ワクバ、100歳近イ、モト不謹慎ナ教師ノ方々ニオカレテハ、ドウカ、フカク反省ヲサレハッテ、オ気ヅキアランコトヲ、コイネガイタテマツリマス。息ヲ引キ取ル前ヤデ！　ソヤナイトアキマヘンデ！

コンナニヒドイ教育ヲ受ケテキタ我が年代ノ洲本ノ市民ハ、奉仕報恩ノ心ヤ市民ノ為ニ尽クストイウコトヲ全ク教エラレテイナイカラ、ソノヨウナ精神ヲ表スコトガ実ニ困難ナノデスネ。逆ニ不平、不満ノ心ニ満チタ人ガ随分多クナッテイルノガ現実ノ姿デアリ、コノヨウナ教育ヲ受ケタコトヲ実ニ悲シク、残念ニ思イマス。

ココマデ、『古事記に学ぶ日本の心とことば』に、関東と関西から現れましたるヘンテコリンナ、イジメノカミモ、憤慨ノ神モ、ヤメテーナノ神ガミモ、アキレハテテ、「登場ノ余地ガアラシマヘンヤンカイサ！」ト、ホンマニ驚カレマシタンヤデ！　汚イ言葉デノ文章表現ヲオ許シ下サイ。（以上ノ神々ハ架空ノ神々デ現実ニハ存在シマセン）ここからは、一部を除いて、少々厳しいけれども普通の表現に戻らせて頂きます。

さて、《生まれてくる子ども達は、時代や場所、国や親も教師も、なにひとつ選ぶことが出来ません。川の上流（親・教師）から汚物を流せば、下流（子ども）の汚染・腐敗・悪臭は一層ひどくなるように、親も教師も狂ったことを子ども達に教えれば、子ども達が、一層激しく狂って育ってしまうのです》

家庭での親の責任が、いかに大きいものであるかということであります！　また、いかに教育機関のトップクラスにある人々と教育現場のトップクラスの教師の責任が重いものであるかという事です！言葉は厳しいけれども（悪い親・悪い教師）に育てられた子ども達ほど惨《みじ》めな存在はありません！（かわいそうすぎるのです…ほんとうに!!）

『戦後（昭和二十年以降）、人間が成長していく上で、決して見落としてはならない基本的に大切な倫《りん》理《り》・道徳《どうとく》など、人生上で根本《こんぽん》的に大事な教えを、徹底《てってい》的に遠《とお》ざけて、知識を育てることに偏《かたよ》った教育が中心となったのは何故なのでしょうか？』

また、そのように諸制度《しょせいど》が定められてきた事、さらにまた、それで良いとしてきた世間一般の風潮にも、本当に大きな問題があります！

子供達に自由や権利の大切さ、個人主義の尊さについては、丁寧に教えてきたけれども、権利と義務は表裏一体であって、自由には責任や（規律）が伴う事を教える等、最も大切な思いやりの心（道徳的な心）を育《はぐく》む教育が全く不十分でした！　このような教育は異常なことです。

もちろん、平等は大事です。但し人間の尊厳とか比例的な平等という意味では良いけれども、行き過ぎた平等は逆に、不公正、不平等となり、よく考慮しないと、人間の健康や能力を阻害したり、損得争いの元となります。

もちろん、人間の尊厳《そんげん》を大切にする事は重要なことです。個性の尊重も多様性の尊重も、大事なことです。

但し、何事も、子どもがしたいことを尊重し過ぎること、自主性を尊重し過ぎるとき、我がままの尊重や、利己主義の尊重に繋がる現象が、多々生じてしまいます。

しかも、平等を強く主張する人々の中には、人には違いがあることの真実の姿を認められないことがあります。人の違いを嫌い、全てを平等化してしまおうとすると、人が本来持ち合わせている真の姿(力)を著しく歪めてしまうことに繋がります。

違いを認めず、全てを平等化すると、子供たちは正常に発育いたしません。知力・体力・運動能力にも著しく悪い結果を招きます。

さらに、よく気を付けないと、子ども達が(慈悲心と公正心に基づく)善悪を見極《みきわ》める力と基本的に重要な共通の規範意識を高め、価値判断の基準を向上させていかなければ、やがて社会に出た時に、本人たちが大変危険な目に出合うことになります。

例えば、交通ルール(規律)を守る。自他の命を大切にする。虐《いじ》めは良くない。正しい性教育を学ぶ・人の物を私物化しない。体調不良で困っている人に出会ったら(先生や親に連絡し、指導を受けて)助ける等、思いやりと公正という意味等を自覚できるように教え導かなければ、適切な社会生活を営むことが困難になります。

そうしなければ真の教育にはなりません。保護者と教育者の双方《そうほう》がその徳目《とくもく》を修めて、教え、育《はぐく》む事が必要です。

家庭と学校が愛情を持って子ども達に接して育て、感謝の心を育んでいくとき、子供たちは、虐《いじ》めをすることも、非行に走ることも無くなります。

それには、大人（親と教師）が先にその徳目を実践し、身に付けることが大切です。

不十分でも、その努力をしている後ろ姿を、見せて学ばせる事が必要となります。悪い見本を実践してばかりいては、どうしようもありません！

特に前述したトップクラスの方々はしっかりとお守り下さい。口先だけでは全くダメなのです。

また先にも述べましたが、戦後、我が国では、世界にも類を見ない道徳を排除した（共産主義国：社会主義国でも道徳を教えます）個人主議的色彩の強い教育を続けてきました。その結果として、今日では、自分と自分の家族や、仲間のことだけが良ければよいという誤った考えが主となり、他人（第三者：社会）の立場を思いやる心は大きく薄《うす》れてきました。

現教育の体裁の良い個人主義教育は利己主義教育とほとんど同じです。このような状態が続きますと我が国の民度《みんど》（国民の生活の貧富や文明の進歩の程度）は良くなりません。

将来の日本人と日本の国の進路は目下、大層危機的な方向に向かい続けています。利己主義に近い教育は改めて下さるように、僭越乍ら進言致します。

天武天皇と元明天皇の思い・宇宙の真理を教育に表す！

古事記編纂《へんさん》に当たられた天武天皇・元明天皇両陛下は、今後、人類が恒久普遍《こうきゅうふへん》の平和と繁栄を実現していく上で、その道標《どうひょう》となるものが、古事記の中に豊富に示されていることを深くご賢察でありました。

我が国の人民の行く末を真剣に考慮されたお二人の真意というものは、「神の道に適う日本人の精神を教育によって培い、遠い未来にまで伝えたいものである！」と思われていたと思います。教育について…最近、次のような深い意味のあることばに出合いましたので記します。

『教育というは人を教え導くためのものにはあらず。己を見つめ、問い、己を写す営みなり。（中略）人が人を教え導くとは、その真の意味は、神の御心を、人に伝え、人に神の道に通ずる道を指し示すによりて教え導くこととなるなり。それは単なる知識や技術を人に伝授することではないことなり。
神の御心を第一とせねば、真の教育はあり得まい。（中略）
人は皆同じ神の子なるの信念を持ちて、その神の子たる人が、踏み迷いし迷いの道から、いかにして神の道に近き人としての道、神の子としての道を見出すかの方向を共に探していく、それが教育なり』
神から人へ上巻八〇～八一頁（ひふみともこ著）

とありますが、両陛下は国民に少しでもこのような神の道に近い人の道というものをお示しされたかったのでは、と推察いたします。

そこで国書として、単に誤りのない歴史書として古事記を編纂《へんさん》されようと思われただけではなく、なんとか後世の国民に教育の書として伝え、いつの世も平穏で、国民が幸せであって欲しいと願われたのではないかと思います。

その為には皇祖《こうそ》・皇宗《こうそう》の精神が正しく継承されることと、我が国、原初の神々の心や願いを忠実に顕されることが最も重要なことであるとお考えになられたものと思います。

私たちが想像する以上に神様の如くもっと、広く大きく日本の国民はもとより、世界の人類全てが平和で繁栄する世の中となり、安心してこの地球上で暮らせる日がくることを深くお望みであったと拝察いたします。

少年時代には

引き続き、教育関係について記します。最近、しばしば思うことでありますが、戦後教育の負の遺産でしょうか。

我が国では、子供を持つ親の中で、何かコトがあれば、他責《たせき》的に受け止める（他責思考：問題の原因は自分以外にあると考える）人が多くなっています。

子どもが、自分勝手に走って転んで、足に擦《す》り傷《きず》を負ったときに、それを他人《ひと》のせいにして怒る…「あの父兄が悪い！」とか、「先生が悪い！」とか、「学校や自治体が悪い」というように思う人が多くなっているというのはどうしたことなのでしょうか？
自分の子どもが悪くて他人に叱られても、親が出て行くのでしょうか？｛？？A¥？~Z＝○△●×？≪☆~¥！％？＝＃？＊※・％｝一体どうしてなのか？？　その訳が分かりません!!
自分のほうに過失があるのに、自分は正しく、落ち度が無いように思い、他人のせいにして、人を責めすぎる今の社会に問題の原因が潜《ひそ》んでいますね！　どうしてなのでしょう？　何故、学校や社会に何もかも訴え、解決を図ろうとするのでしょうか？

現在の世の中では、特に都心部では子供が思い切って遊ぶことができません（年々、子供の運動能力は低下していますが、高齢者は向上しているのが現実なのです（平成二十六年十月十三日夜十一時五十分、ＮＨＫＢＳ1のニュースより）。

公園や広場で子供が大声を出して遊ぶことに、役所や住民団体に苦情を言うのはいかがなものでしょうか…。世の多くの人々には、もっと心の大らかさをもって頂きたいと思います。

安眠妨害《あんみんぼうがい》とか、騒音がひどい等ということもあるでしょうが、子どもたちが元気に野外で遊ぶことを見守ってあげて欲しいものです。自分たちも見守られて大きくなってきた筈ですね。

日本の将来の子どもたちの心身が健全に発育することを喜び願うのは、決して筆者だけではないと思います。また、子どもの頃は野山でコロンデ擦《す》り傷を負うこともあることでしょう。

もちろん悪い遊びを推奨《すいしょう》しているのではありませんが、子どもの時は、野原や海や山の自然の中で思い切り遊ぶことが必要であります。その経験の中で学べることはたくさんあるのですから!!

子どもは将来、心身共に逞《たくま》しい人間になる必要があります（特に現在・総じて男子がひ弱に感じられます！ 勇猛な世界各国の人々と、将来、対等に伍していく、肩を並べて活躍できるでしょうか？？）。心もとなく思うのは私だけではないと思います。

野外での遊びを通して豊かな感性（情緒）や知識を身に付けられますが、現在の子どもたちは野外で友達とのスポーツなど、いろんな遊びの中から、勝利の喜びや、敗者の辛い経験を学ぶこと、少年時代の愉快な体験等を、学ぶ機会の少ないのが実情です。

自然の優しさや怖《こわ》さ、有難さなどを知って、他のいろいろな（植物・動物・昆虫・魚貝類等）との出合いをする。他の生命と触れ合ってその命への心配《こころくば》りを培うことなど。辛抱強さや忍耐力・観察力・危険回避力などの判断力を身に付ける貴重な人生経験をする機会が、今の子どもたちには大変少なくなっています。

自然の中で思い切り遊び、自然と一体となって生きることが本当の幸せを感じられるのですが、誠に残念なことです。

一体どうなっているのでしょう?! この地球の世界は、人類だけが生存しているのではないのです！私たちの時代には優等生も一緒にヤンチャな遊びをしていたのです。ただ見つかって叱られるのは悪ガキだけであったということです。不公平のように思いますが、そのようなものなんですね。

それも結構楽しい想い出なのです。私たちの世代の人間は、これまで楽しく遊び、学んでくることができたのは大変幸いなことでした。

それから私は、家族の間で、親子で子どもの将来についてお互いに思いを語り合うことは大変喜ばしいことと思います。それと共に、こどもたちが自立をしていく機会を与えられ、同時に夢や希望を自由に持てること、冒険心やチャレンジ精神を持ってチャレンジが出来て、生きていけることは子どもたちの未来を切り拓く上でも、大変大事なことになると思います。

先に生まれた世代の人は　その重みを感じて子どもたちに接すること、子どもの大きな志の実現を力強く支援することは　親世代の人々が心がけるべき大切なことであると思います。と同時に、今後、未来に向かって、最も大事なこととなるのは、人間の心の中に、少しでも神の心を、これから、子どもたちの世代に、次代へも伝え、残してゆくことが、人類が永久に存続する為にも！　何よりも大事なことであると思います。

そして、一人一人が夢と希望が持てるように、宇宙的に視野を広げ、自由に大きく、のびのびと羽ばたけるようにさせてあげたいものですね！

私自身、これまでの自分の生き方を幾度も反省するうちに、このような見方があるということに気づき、記させて頂きました。

さて、ときどき思うことでありますが、これからは親や教師並びに、年齢の上の人々からの指導ばかりではなく、子ども同士の異なる意見の交換会（ディベート学習）を重ねることが日本の子どもたちの積極性・自立性を大きく向上できることに繋がるのではないでしょうか。

児童どうしが他人の意見を受け入れて聞き、異なる自分の思いもしっかりと発言する上で、大きな学びになると思います。

子どもたち同士の自主的な思いや発言力を高めて、世界の国々の人々とも、気後れなく歩んでいける為にも、内向き志向の多い日本の若者が世界に羽ばたく為にも、積極的な表現力を養うことが肝要であると思います。

翻《ひるがえ》って、今の教育現場の先生方は、私が子ども時代に教えて頂いた先生方よりも、はるかに立派な人々が多いように存じます。悪質なことをする人も大勢の中には、ごく少数存在しますが、大半はそのような人々ではありません。

かつての教師とは雲泥《うんでい》の差（天と地ほどの差）があります。日々、教育現場の近くで先生方を拝見していてそのことがよく分ります。一言、誤解のないように付記致します。

人の守るべき倫理道徳を教え導き、日本の伝統・文化を継承《けいしょう》してくれた沢山の日本の先人、先輩の長年にわたる血の滲《にじ》むほどの、ご至誠な努力の積み重ねがあったそのお蔭で、日本は平和と繁栄が保たれています。

世界の歴史上にも稀有《けう》な有難い出来事で、日本人の国民性の素晴らしさは、古代より世界の国々から高く評価されています。

今後も、平和と繁栄が保たれる為には、日本人一人一人がより立派な尊敬される人間になることが求められます。それには、より良い教育改革がなされることが必要ですね。教育の中に、より高度な倫理・道徳を取り入れて、学び、実践していく事が必要となります。

実践の少ない、理論のみの倫理：道徳は机上の論理に潰《つい》えてしまい、意味をなさなくなってしまいます。倫理：道徳上の、教育の根本的に重要なことは、元《モト》を大事にすることを教え、古来よりの多くの先人方にも感謝の誠を捧げ、そのご恩に報いること、感謝と思いやりの心を育むことであります。
日本から世界に平和で豊かな心とことばが発信される事と同時に、善行をすること、その二つの実践をすることは何よりも重要なことになります。

現在の教育関係者

最近の我国、全国各地域の多くの先生方の真摯《しんし》なお姿を拝見して、今の先生方の毎日は非常に激務の環境の中におられることが分りました。『大変だなあ！』と、誠にご同情を申し上げます。

小・中学校の先生方は、今日、いろんな角度から、勉強面だけでなく、生活の広範囲にわたって生徒たちを見守る為、一昔前の人たちよりも　指導面と育成面で、また事務作業の面でもはるかに大きな負担がかかっています。

生徒一人一人の勉学の修得面をはじめ、体力の向上や音楽・美術などで豊かな情操を培うことや、判断力・公共心（道徳心）を養う社会的規範意識の向上に気をつけねばなりませんし、個性の尊重をも重視していかねばなりません。

また、給食や健康面や交通安全面など、山ほど多くの事柄において生徒たちを見守っています。非常に幅広い仕事があり、いじめの問題など多方面に気配りが必要です。

デジタル化・IT化（インターネットの活用）に対応して、タブレット（スマートフォンとノートパソコンの中間的な端末）の活用による教育推進が必要な時代であり、教師も学びながら教えていかねばなりません。

（令和三年の十一月、洲本市立第三小学校の授業参観で、初めて拝見しましたが、大変な教育方法の変化が起きています。私どもの世代では多くの人が付いていけません）

事務的な作業量も増えて誠に大変です。さらに、昔に比べ、保護者からの苦情が大変多くて神経を大層使われます。先生方のご苦労には、敬服致します。国や教育関係機関よりの書類作成等にも追われ、毎日夜遅くまで仕事をされているのですね！　しかし、教師もスーパーマンではありません。その力にも限界があります。

現在では、過労を防ぐ為に働き方改革に取り組んでいく対象の職業の一つです。（教育委員会の皆さんも含め）午後7時迄に帰宅できるような働き方のシステム作りが必要です。溜まった疲労やストレスを適切・健全に発散する事も健康維持の上で大変重要です（ノイローゼにならないように！）。

今日の我が国では、経済的にも環境的にも精神的にも、子どもを自分の家庭で育てることが困難な人が増えていますから、その分、学校の先生方の負担が大きくなっています。やむを得ないご家庭もあることでしょうが、いろんな意味で、家庭が教育力を取戻していくことが基本であると思います。我が国では教育の根本が大きく揺《ゆ》らいでいます。

地域社会も、地方の自治体や国家も、もっと育児と教育に関心を高め、家族のあり方を学び、見つめ直すこと、さらに日教組・文科省の皆さんは組合活動のエネルギーをもっと子どもたちのまともな教育面に注ぎ、尽力して直すぐに支援策（物心共に）を強化すべきであると思います。色々と取り組む課題があります。

特に、学校から上部団体へ多数の書類の作成や報告義務なども見直して、最少にすべきでしょう。また学校での勤務時間内に為すべき打合せなども最少にして、教育者各人の生活全般にも時間的ゆとりを取り戻す必要があります。往々にして上部団体の人々は自分達の待遇改善等にはとことん尽力するが、下位の人々には極めて怠慢であることが多い。

先生方は地域社会の各方面での気遣いが必用であり、IT・デジタル化・情報化と、幅広い自分自身の研修と子どもたちへの教育が同時に必要なのですから、もっと教育関係者の就業改善、改革に上部団体・文科省・日教組の皆さんには真剣に取り組んで頂かねばなりません。さらにまた、上部団体の方々は日本の教育方針について、また歴史認識に関して、他国や外部勢力に遠慮することも、阿《おもね》ることもあってはなりません。

しっかりと日本国民のアイデンティティ（自己意識・自立意識）が高められるように、トップの人々は敢然と意識改革をして頂く必要があります！

さらに、今日の大学の世界的評価レベルが大幅に低下し、初等、中等、高等教育も学力が世界的に落ちてきているのも、その根本原因の大半は、政治家と官僚、資本家及び教育関係機関のトップクラスの人々の責任にあります。一般的に！

戦後、長期間、我が国の大半の大学で、特に文系の学部では熱心に学業に励む学生が少なくなっています。真剣に真理探究の学門に勤《いそし》む大学生が少ないのであります。

学生時代をアルバイトやスポーツなどに打ち込んで過ごし、卒業後に採用された新入社員は、その企業の中で教育や訓練実習等を始めることをこれからも延々と繰り返していくのでしょうか？？

筆者自身が学生時代であったとき、訳の分からない眠たくなるような講義中（恥ずかし乍ら、筆者もウタタネをしたのであった）であっても、昼寝をする学生たちに対して、教授も講師も、いずれの先生方も『もっと！　真剣に学びなさい』と言って指導した先生は、（数百人の内）四年間で、たった一人しか居なかった。他に注意をする言葉も聞いたことがありません。

一方、世界の若者はその同じ年頃に、毎日、真剣に学問に励み、よりよい就職先を目指し、研修や技術習得を学ぶ機会を見つけては日々熱心に、目の色を変えて努力を怠りません。死に物狂いといっても過言でありません。

これでは日本の企業と産業全般が世界的に立ち遅れ、熾烈《しれつ》な競争の中で、国際社会に勝ち抜くことができなくなるのが当然となります。

もっと、真剣に襟を正して政治家、教育関係の上部団体の方々（社会の中小企業のトップも含め）は、大学（教育）改革に取り組みをしなければならないと思います！　それだけのみならず、（全国で起きている、虐《いじ》め・不登校・校内暴力等にも先生方は忙しすぎて充分に目が行き届かないのが現況）凡そ信じられない事の一つですが、学校や教育委員会にも訳の分からぬ脅迫電話が（洲本の小学校にも）あるというのですから。

家庭でも社会でも我々は積極的に見守って、応援していかねばなりません。

この状況をよく見据えたものでなければ、日本の教育は今後、一体どうなっていくのか？　大きな危惧《きぐ》を感じています。

ここにも、また、関西の風変わりな、心配の神と、ぼやきの神の二人が、古代から、時空を超えて、突如現れ、ひとこと申されました。

『ホンマニコノ国ノ教育ハドウナルンヤロウカ？　イッペン週刊誌デ、教育機関のトップクラスの偉イ人々ノ話ヲヨンデミナハレ！　キゼツシマッセ、ホンマニ！　ワテハネ、コレカラモウ、ドナイナルンヤロウカ？　ムチャクチャシンパイダンネン！』

と、もっと、もっと話を、したかったようですが、なんとかご機嫌を取り直して頂きまして、ここまでで、ご遠慮頂き、お慰めをいたしました次第でございます!!

次の枠内の文は年代の順序が後先《あとさき》となってしまいましたが。

零れ話

平成二十七年十一月十四日。神戸市中央区熊内の旧市電通りに面した雲中小学校の音楽祭に行く機会があった時のことを記述します。

当日の朝、体育館の会場は超満員でした。最後の六年生の合唱と演奏が終わる時、生徒らの真心こもる感謝のことばを聞いて、感銘が深すぎて涙が止まりませんでした。

参加者のほとんど全員の人々が涙を拭《ふ》いていた。子どもたちの清らかな思いと（合唱と合奏）は素晴らしいの一語に尽きます。これだけ素晴らしい教育を一年生から6年生までの全学年の生徒が受けていることに、また先生方の伝統的なご至誠と熱意を只々感謝の心で『アリガトウ』と申し上げる以外ありません。実に驚愕《きょうがく》致しました。

感謝の心を教育され、ご至誠に応接《おうせつ》される先生方のお姿をマジカニ拝見していて、これからの日本も大丈夫だと心強く思い、非常に嬉しかったことを報告させて頂きます。

時代は移り、令和となりました。

令和五年三月三日、洲本市の第三小学校での会合で、管理職の先生方から見聞きしたこと。

洲本第三小学校では、タブレット教育に力を注ぎ、児童どうしの勉強・運動・競技・研究などに打ち込んでいる姿を、タブレット教育を拝見しながら、拝聴しました。小学校レベルでもかなり進んだ取り組みです。『学校だより』の中から、松村校長先生の「今年度の学びを来年度につなげて」をご紹介します。

（令和五年三月三日：評議員会に出席したときのこと）五年二月には洲本第三小学校の子どもたちの授業の様子を見せてほしいということで、大学の先生方や大阪の小学校の先生方が二回来られて、いくつかのクラスの授業を見て頂く機会がありました。

見にこられた先生方の感想として、「子どもたちが自分から進んで活動している」「子どもたちが自然にペアやグループになり積極的に話し合って問題を解決している」「ＩＣＴを上手に使い、自分の考えを整理している」「高学年でも手を挙げて発言する機会がとても多い」「ＩＣＴを活用し、話し合い活動ができるように子どもたちを育てている」というお話を聞かせて頂きました。

洲本第三小学校では、「ＩＣＴを積極的に活用していますが、それだけではなく、子どもたちが問題を解決していく為に、自分で考えたり、ペアで相談したり、グループで教え合い、話し合う時間もしっかり取り、学び合う活動の中で子どもたちが育っていくという授業をめざしています。

そして、そういった学びや、子どもたちの思考を助けていく為に、ＩＣＴを効果的に活用しようと考えています。子供たちの日々の頑張りが確かな成長に繋がっています」と記述されています。

私自身、タブレットを使用できませんので、かなり進んだ不思議な勉強方法に驚きました。しかし、やがてこれは世界標準になりそうだという思いをいたしました。

それから特に、感心しましたのは、私は見守り隊の一員として五年目になります。毎朝、約五〇分間していましたが、今年の三月からは、体力を考えて体調の良い日に約三〇分間出掛けます。数か所の児童が通学する、車が多い危険な横断歩道で、子どもたちを見守っていますが、これまで、私が挨拶をしても挨拶をしなかった二年生の男の子が『いつも、見守ってくれてありがとうございます』と言って『行っ

ありがとう
ございます！
ありがとう
ございました！

てきます！』と挨拶をしてくれたことです！　私はその言葉を聞いて、倒れそうになるくらいビックリいたしました！『あんた！えらい！　ほんまにえらい！　ありがとう』と私は返事をした!!感動が深くてことばにつまったのだ。

それから、二～三日後、横断歩道を渡り終えた三人の少女のことです。私が横断歩道の直前に止まってくれた車にお礼の為に頭を下げたとき、その三人の少女は、止まってくれた車の運転手に向かって、深々と頭を下げて、『ありがとうございました！』と同時に大きな声で伝えたのです。

私はことばが出せないほど、感動しました。実にうれしかった！それを見た、いつもイライラしている運転手さんが、びっくりして大きな口を開いて。目を大きく見開いて喜んだのだった!!

これは、小学校の松村校長先生の『ぽかぽか言葉』を発しよう！感謝のことばを発しよう。人のことばをよく聞こう！　など、ことばづかいや、挨拶、ほめことばなどの提言を毎年（三年間）熱心に実施された、北畑教頭先生と多くの先生方が真面目に取り組まれたから、その成果があらわれたのであります。

第三小学校の評議委員会の報告書に、生活習慣について、ある児童は、県立洲本高校の道路脇で草むしりをしていた人に『いつも、草むしりをしてくださり、ありがとうございます！』と言ったという！草むしりをしていた人が、第三小学校に、『お礼を言われて、びっくりしたし、本当に嬉しかった』という大変感動されたお声が届いたという喜びに溢れたご報告です！

その都度、校長先生が児童朝会で子どもたちに紹介すると、『自分たちの挨拶やぽかぽか言葉が『地域の人の元気に繫がっている』など、『地域の人に喜んでもらっている』と感じた児童が何人もいたという。校長先生は、『そういう積み重ねが子どもたちの大きな成長に繫がっていきます』と記されていましたが、全くその通りだと思います。

このような挨拶や、ぽかぽか言葉、ていねいな言葉遣い、聞き方名人・話し方名人など、子どもたちひとり一人がめあてを持ち、取り組むことで成長している姿が見られている、と述べられています。今年度（令和五年）から清水校長先生が赴任されました。教育方針を継続されつつ、新たな方針を加えて指導されています。このような日々の生活の中で、取り組まれる良い習慣を、全市・全島を始め、全国の多くの小学校で始められると、日本の国民は大変豊かな心を育まれることになるでしょう。

上に立たれる人々の教育如何で、子どもたちは大きくその成果を遺憾なく発揮するものであるということを有難く拝見させて戴いています！　※全国の小学校の中で教育の優秀校として選ばれています。

反面、今年度、子供育成基金としての非常に大事な補助金が洲本市では財政難の為、打ち切られるというニュースをＴＶで見て、真に残念に思います。

エッセイ

見守り隊員

私達は身近な人々に何も問題がなければ、世の中の出来事にも関心が薄くなり易いものです。前述したテーマの補足となりますが、筆者は、数年前に関東（川崎市）で起きた少年少女達への襲撃殺傷事件以来、このような危険な事があってはいけないと強く思ったことがきっかけとなって、毎朝七時過ぎに小学生の通学道に出かけ、見守り隊の一員として通学の安全の為に交差点で交通立ち番をしています。（今年から体調を考えて、一週間に2〜3回程、立ち番をしています）一か月後には、瞬時の判断力が向上して、中学生、高校生の通学にも、一般人の通行にもお役に立たせて頂けるようになりました。有難い事です。

私は毎朝、出会う全員に『おはようございます』と声かけ（挨拶）をしてきました。

二年目には高校生で、通学する多くの生徒たちは、私が（交差点の四方に目配りをしている為）彼らを見ていなくても、彼らから進んで『おはようございます！』と声をかけられるようになり、その挨拶を聞くたびに、朝の緊張感、危険回避の為の苦労が瞬時に消える喜びを感じています。

今年で五年目（法事ごと以外、過去四年間、登校日には欠かさず）になりますが、私はこれまで、児童は元気に学校に通学するもの、遅れずに学校に行くことが児童や生徒たちの務めであると思っていました。しかし、普通に学校に行ける児童や生徒は幸せで恵まれていますが、学校に行きたくても、体が弱くてなかなか通学時間に間に合いにくい子どもさんもおれば、家庭の事情でしょうか、忘れ物をしたり、遅刻をしてしまう子もいるのです。体の不自由な子も、発達障害を負った子どもさんも一生懸命に通学しています。泣き出す子もいます。子どもの皆が学校に無事に着くようにと後ろ姿を祈らせて頂くようになれたのも、そのような子どもたちの大きな重いランドセルを担《かつ》いで、ひとりで『よいしょ！よいしょ！』と一生懸命に歩いているいじらしい姿を見て、自分が深く胸を打たれ、大変感動してしまうからなのです。自分は、若い時には普通に学校に通える人間だったことから、これまで、そのような思いをもてなかったのでした。本当に恥ずかしいことでした。

有難いことに、子どもたちに声をかけることによって話ができるようになったお子さん、ヘルメットをいつも被《かぶ》っていなかった子たちが声掛けをしているうちに、ヘルメットを着けて通えるようになったこと、毎朝『今、何時何分ですか？』と尋ねる少年たち、『有難うございます！』と喜んでくれる子たち、登校を嫌がって親にしがみついて泣いていた子が、学校に通えるようになってくれたことなどを聞くとき、『本当によかった！』と心嬉しくなります。私は、危険だから、警備員（お巡りさん）に、よく似た姿をして指示棒を持ち、立ち番をしています。

それでも、新入学の女子児童が横断歩道を渡る途中で、『傘の骨が折れたの！』と辛《つら》くなって泣いて私のところに駆け寄ってくる子がいます。そのようなとき、『大丈夫やで！』と直せるものは直してあげるのですが、そのとき、うしろを振り向けば、横断歩道を次々と渡ろうとする児童が迫ってきて、実に危険で、直す余裕がありません。直してあげようとしたのですが、致し仕方なく、『大丈夫やで、これはね、傘の骨のホックが外はずれただけやからね。学校へ持って行って、先生に頼んでごらん。簡単に直してくれるからね』と言うと、『うん！』とうなずいて、辛そうに学校に通った女の子。

またある一年生の女の子は『カバンのボタンが外れたのでかけてほしいの！』と頼まれて、道路脇で直してあげた。すると大きな声で『ありがとう！』と歩いて行きながら、振り返って、私の顔を見つめながら『お早うございます！』と挨拶をしました。一年生の男の子は『寒い！』と女の子は『重たい！』と辛そうに呟つぶやきながら、横断歩道を渡っていくのですね！

『感心だなぁ〜！　偉いなあ！　でも大丈夫やろうか？』と心配になります。ところが、（遠方からの通学の方は仕方がありませんが）どうして近くの元気な高校生が車で父兄（保護者）に毎日送迎してもらうのだろうか？　と私はいつも、疑問に思います。

翻《ひるがえ》って、学期末には多くの児童たちから『見守り隊員さんへ！　感謝の言葉』という真心の籠《こも》ったお手紙を多くの児童から頂くという、大変うれしく、有難いことがあります。

子どもたちの【純真さを持つことの尊さ】をこの年になって実感させて頂いております。大変危険な場所での見守りでありますが、これらのことは、『少しでも皆さんの為にも、世の中のお役に立たせて頂かねば！』と思うことを実践させて頂けるようになったその結果、多くの人々からも有難いことばを頂いているように思います。

しかし、横断歩道を児童が渡るとき、車に停止を願い、指示棒を上げると、『子どもを待たせとけ！』と大きな声で怒鳴りつける運転手に、ときたま出会うことがありますので、常に細心の注意を払って、謙虚に、しかし敢然と交通整理を過ちなくしなければなりません。

令和五年に洲本に赴任された交通課の（親切な）方にも〔怒鳴りつけられるようなことは幾度もあるんですよ！〕とのお話を伺って〔一体、市民（島民）の心のマナーはどうなってしまったんだろうか？

と思いました）。

（警察官のお話に、「最近ホント変わった人がいますよ！　気を付けて下さい。何か困ったことがあれば、いつでもすぐに連絡して下さい」と大変親切にも声をかけて頂いております。いつも危険運転をする車に出会い、思い余って警察に電話をしますと、直ぐに駆けつけて下さいますのでホットシマス！　感謝！

よほど機敏に、且つ、瞬時に誤りのない適切な判断で、無心の思いをもって努めなくてはなりません。四〜五〇分の間に数百台（千台に近いか？）の車が通行する信号のない非常に危険な市道（横断歩道）を、児童たちを始め多くの歩行者が渡りますから（立ち番では一人のことが多く、行き交う歩行者、自転車、車等に四方を目配りして誘導する為、素早い身のこなしが必要）体の鍛錬（六時二十五分のテレビ体操をして、尚且つ、入念な準備運動）をしてから出かけます。それも大事な務めのひとつです。

おおよそ九九％の人々は安全運転をして下さいますが、交差点の中にも関わらず、手を挙げて横断しようとする児童がいても停車をしないで猛スピードで危険な運転をする四〜五人の人達には格段の注意（取り締まり）が必要です。

パトロール警察官は、いつも「無理をなさらないように！　危険ですから！」と大変親切にアドバイスをしてくださいます。警察官・白バイ隊員・パトカーのパトロール隊員の人々の親切さ、丁寧さには、いつも頭が下がります。有難く思う次第です。警察のパトロール隊員（白バイ隊員の方）に交通整理の仕方や対応（ヘルメットや服装：防犯：安全ベスト等の着装）等を丁寧に教えて頂きます。問題解決の為、危険極まりない道路に於いては、物理的な適切な方策（カーブミラーの設置をはじめ、通学道（市道の拡幅〕の整備や信号機の設置など）を早急にする必要があります。

家族（自分や子や孫達）、親族、社員、友人、知人を始め、いつ誰が、どこで交通事故に出会うか分からないのですから、早急に取り組まねばならないことは明らかです。洲本市では令和五年、人口は減っているが、交通事故は昨年よりも多いとのこと!!

ちなみに、島外から車で来淡される多くの人々は、洲本の旧市街地付近での人々の交通マナーの荒っぽさには、ため息をつかれています。「洲本市民は警察官のマナーの良さを見習って欲しいと思います！」

現在では、市街地を多くの車が行き来しますから、歩行者と自転車通行をする人々にとっては、大変危険な状況となっています。

道路交通事情の改善が非常に進みにくい（住民の違法な行為が放置される等、権利意識が過剰に働いている人が増えている）。そのことが原因のひとつでもあります。将来のことを想う時、今、直ぐにでも思い切った道路拡幅政策が必用であることを強く感じます。各方面に訴えてはいますが、洲本市民の公共意識は大変残念な状況であると言わざるを得ません。しかし乍ら、このような危険な市街地の現状であるから、いつまでも放置していてはならないのです！　交通事情（道路の拡幅等）の改善だけはまったなしです。皆ようく分かっている筈なのですが。

パート・Ⅱ

〔国歌：教育等、日本人として学んでおきたい諸問題〕

国旗・国歌について

このテーマでは少々諫言《かんげん》が多くなります。と申しますのも、今日《こんにち》我が国では、日本人としての自尊《じそん》心《しん》、日本人としての自分自身《じぶんじしん》に誇《ほこ》りを感じられない人々がたくさん存在している由々しき事態だからです。

そこで、みなさまとご一緒に考えてみたいと思います。

「先ず、祝日《しゅくじつ》に国旗《こっき》を掲《かか》げられない、また国際間のスポーツや祝賀式等の開会時の儀式（セレモニー）で国歌《こっか》を知らない、歌えない国民は果たしてマトモなのでしょうか？」

「日本人は自分が日本人であることに自信を無くされ、ウシロメタサ、ハズカシサを感じているのでしょうか？？」無意識的・意識的に関わらず、現在の日本人は我が国の古代の人々の誠実《せいじつ》な生き方と、代々の先人《せんじん》（親・祖先）から継承されてきた清らかな心と魂《たましい》を、今完全《かんぜん》に踏《ふ》みにじった状態《じょうたい》であることにお気づき頂きたく思います。

現在、日本人の精神的支柱《しちゅう》が海に漂《ただよ》うクラゲのように、大きく揺《ゆ》らいでいます。

祝日に国旗を掲《かか》げていないご家庭の皆様は、国旗を掲げると右翼と誤解されることを恐れているのでしょうか？　あるいは国旗を掲げることに反対する左翼の人々に気兼《きが》ねをしているからでしょうか？　それとも一部の東アジアの国々の反日《はんにち》意識を恐れているのでしょうか？　誰にも、何も恐れることはないのでありますが！

日本の国では、国民が国旗は祝日に掲げないほうがよいと思っている人々がほとんど全ての家庭に及んでいるような気がいたします！

（国旗を掲げている家の数の割合が一〇〇軒に一軒も掲げていない。一〇〇〇軒に一軒位の状況でしょうか？）そのことが日本人の現在の国家・国民意識を表しています。日本人の皆さん、どうか日本人の魂を強くお持ち頂きたく存じます。日本人の美しい風格（慣習）を取り戻して、是非共に、末永く承継してまいりましょう。

今年（平成二十八年の元日の朝のことでした。私は小学生の孫二人を車に載せて伊弉諾神宮に参拝致しました。二人の孫に伊弉諾神宮迄（国道を）往復する一時間一〇分の間『国旗が掲《かか》げられている家は何軒あるか数えてごらん』と申しました。孫は喜んで数えましたが、その帰りのこと。

家に着くころに、明日夏《あすな》が『お爺ちゃん、どうして国旗を掲げている家はこんなに少ないの？　うちの家とあと4軒しか揭っていなかったよ！　どうしてなの？　おじいちゃん？　掲げては良くないの？』と尋《たず》ねられて、私は実に辛《つら》く悲しい思いをしました。とても恥ずかしかった！　孫に理解できるようになんと答えようか?!　余りにも情けなくて、ことばを全く発せられなかったからだ！）ちなみに淡路全体の人口は約十四万人。

日本人が常識を見失い、日本人の自覚と誇りをいまだに失くしてしまっていることは、実に悲しいことです。それは将来、日本民族の滅亡を暗示《あんじ》しているとも考えられるような極《きわ》めて憂慮《ゆうりょ》すべきことなのです。今日、国旗を掲《かか》げることは、日本人には大変勇気が必要となってきています。日の丸は太陽の象徴《しょう》《ちょう》であると同時に、太陽の神である天照大御神さまの象徴でもあるのです。

それは平和と繁栄のシンボル旗《き》でもあり、日の丸は日本を日の元（本）の国であるということをシンボル化している大事な国の旗＝国旗なのです。また世界一シンプルで麗《うるわ》しいと世界中の人々から絶賛されています。

断言できますのは、国旗を掲げるのに、人のことを気にすることは一切不要であります!!　個人的なことを申しあげて大変恐縮ですが、私の家では祝日には常に国旗を掲げています。祝日に国旗を掲げますとき、人々に喜ばれたり、感心されることはあっても、文句を言われたり、嫌がらせを受けた事等は、かつて一度もありません。

万一、苦情などを言われた時には私は次のように申し上げます。

『私は日本人です。日本の国をこよなく愛しています。大きな誇りも感じています。また日本の国に生まれた時より、国家から多大の恩恵に浴しています。ですから、日本の国旗を尊重し、そして国歌を厳《おごそ》かに歌います。

国旗や国歌を愛し、心から誇りに思うことに、平和を切望する一国民として、一体誰に、何故遠慮や気兼ねをしなければならないのでしょう？

遠慮や気兼ねは一切不要です。あなたが日本人でしたら、是非、共に世界一優美で心に響く日本の国旗：日の丸を掲げて、国歌をも共に大声で歌いましょう！』と逆に、その意義をご理解頂けるように努めます。

このようなことを申し上げなければならないほど世界の中でも、最も異常な国家社会になっていることが現実の姿です。

戦後、国旗を愛せないとか掲げられないということは、みんなが掲げないと一人では掲げられないという日本の村社会の慣《なら》わしも関係しているかもしれません。日本人は皆と一緒が大好きな国民ですから。

それにしても、我が国の一人々の個人も各家庭も社会の現場（各学校や大学、事業所や公的施設）も、戦後の長期間、本当に一体どうしたことなのでしょうね？

戦後、日教組と進歩的文化人と称する人々（極左系の学者や作家・知識人達）や（反日系列）のマスコミ等、一部の人々が、日本の多くの児童・生徒達に、国旗・国歌を否定するような異常な教育と指導をしてきた事は大変悲劇的なことです。

国旗を全く尊重しないで、蔑《ないがし》ろにしたり、国歌を否定したりする事は、それは大層に歪《ゆが》んだ考え方で、国際上に照らしても、とても信じられない常軌《じょうき》を逸した行為です。

と申しますのも、そのことは【恩人に無礼を働くような無分別な行いと同じで】とてもまともではありません。なぜなら、その行為は象徴とは申しましても、自分自身の存在の大本《おおもと》である国の基盤《きばん》を否定することになるのですから。国旗を掲げないということは自国や代々続いてきた日本人全員と共に、自分の家と家族や親族をも貶《おとしめ》ることに繋《つな》がるからなのです。のみならず、今の自分自身のアイデンティティーをも卑《いや》しめることに繋がるのですから、これほど情けないことはありません。

このままの状態にしておくことは、誇りある日本人が生まれにくい状況下になっています。

但し！　誤解をなさいませんように！

私は右翼でも左翼でもございません。常に、慈悲の心と公正さを尊ぶ、真の日本人でありたいと願っている者でございます！


さて、国旗・日の丸は諸外国から（東アジアの一部国家を除き）世界一美しいと、そのシンプルな麗《うるわ》しさを非常にうらやましがられ、世界中で羨望《せんぼう》の的《まと》となっています。


これほど全世界から絶賛されている高尚《こうしょう》な日本の国旗（日章旗）を祝日に日本人が掲げなくて一体どうなるのでしょうか？

今の日本人の国旗への意識や国家観（国に誇りを感じる）はホントウニ、世界で一番貧弱《ひんじゃく》で非常識なものとなっています。

（英国経済調査では、世界の先進三十三か国の中で日本が最下位という現実が指摘されています）

日本人が外国に行って、赤恥《あかはじ》をかいてくるまで分からないのでは、まことに残念な、お粗末極まりないことと思います。

この所感ではつい、ことばが厳しくなって申し訳なく思います。ところが、実際に国旗をお掛け下さいますと、天地の本《もと》に生きる喜び、安心感等、大きな自然からのエネルギーをヒシヒシと感じられます。『日の丸を掲げることができて本当に良かった！』と心の中に何とも言えないほど、清々《すがすが》しさをお感じになられることでしょう。

何よりも日本人であることの誇りと日本人としての慶《よろこ》びや有り難さを大きくお感じ頂けると存じます。近年、環境汚染により地球上の大気が濁《にご》って、重苦しい雰囲気が世の中を覆《おお》っています。しかし、祝日に自分の家に国旗を掲げ、それを見たとき、晴々《はればれ》と心が清々《すがすが》しくなり、どうして今まで掲げなかったのであろうか？　と心の爽《さわ》やかさと、その尊さを再発見されまして、大きな誇りをお感じになられると思います。

自然に滲《にじ》みでる歓喜《かんき》の想い、涙が滲み出るほどの感動を強く覚えられることと思います。ぜひこれほどの慶事《けいじ》は、日本中の全ての人々がお感じ頂き、共有して頂けます事を心から願っています。

全ての日本人に申し上げたいことは、いかなる思想・信仰・信条を持たれ、他種多様な思いを持たれていても、それは個人の自由でありますが、その以前に、今この本をお読みになっておられる人が現在日本人であるならば、日本を愛しておられるのであれば、「どうか国旗を掲げるご意思を、是非お持ち下さい」と衷心からお願いするものでございます！

万一、お一人で躊躇《ちゅうちょ》されることがあるときには、周りの人々とご一緒に掲げられる事をお勧めします。

祝日には　日本人の家には、国旗が掲げられますことを心から願っています。

ここで、日本代表のスポーツ選手達に、ひと言お願いしたいことがあります！

それは、オリンピックや国際競技大会などで、試合に先立ち国歌（国家を代表する儀式用の歌）を歌い、両国の健闘を讃《たた》えるセレモニーで、国歌を歌わない選手は国の代表選手としてふさわしくありません。そのような選手達で構成されたチームは烏合《うごう》の衆の如きチームとなります。

どうか想い起して頂きたく存じます!!

（日本代表ラグビー選手達のことを。かつて弱かったチームが世界最強のチームに敢然と勝利しています。そのとき国歌を大声で誇らしく斉唱されていましたね。

またオリンピックで金・銀・銅メダルを取った日本の選手達は男女共、みんな疲労と感激で声も出せないほどの状態であるのに、国歌：君が代を誇らしく歌っていた）この姿を是非学んで見習って頂きたく思います。

日本の国を代表する選手の皆さんには国歌を覚えて、大声で心から誇りを持って歌って頂きたいのでございます。

日本の国民として、義務教育の学校や高校や大学でも、国旗が掲げられるよう、国歌が歌われるようになってほしいと願っています。

それが　世界では常識のある日本人として認められることなのですから、これから、私たちは国際的にも認められる日本人でありたいし、一日本国民としての誇りを持ちたいものです。

平成三十年には、淡路・洲本の蒼開中・高等学校（旧柳学園）校庭にあるポールの中央に毎日、大きく美しい国旗が掲げられていますことは、誠にうれしく有難いことと思います。さらに、平成三十年九月に、母校洲本高校の運動会でも国旗が掲げられ国歌が斉唱されていましたことは本当に涙が出るほどうれしくて感動致しました。

凡《およ》そ、日本人のアイデンティティー（自分自身）を抹殺《まっさつ》し、子供たちが日本人であることの誇りや魂を破壊し、自己自身を否定しつづけるような状態が続くとき、我が国の未来が大変危ぶまれることに気付いて頂きたく思います。

順序や秩序を教え、自分と同じように他者を大切にすること、家族や社会に尽くし、国家に貢献する事を教える必要があります。その上で真の国際人となり得るのであります。

日本の国旗や国歌を否定する人は決して真の日本人になり得ないし、国際人にもなり得ません！　何故なら、外国では自分の家族や自国を愛する事は常識である。当たり前のことであるからです。どこの国へ行っても、自国を愛せないような人は決して認められることがないからです。

敗戦国故《ゆえ》なのでしょうか？　我が国の現行刑法には【外国国章損壊罪】（第九二条）があって、外国を侮辱する為、その国旗等を損壊《そんかい》した時は、二年以下の懲役又は二十万円以下の罰金が科せられますが、それに対して、我が国（日本）の国旗を損壊しても罰する法律がありません。

凡《およ》そ考えられない状態となっている。

同じく敗戦国の、ドイツやイタリアの刑法では、自国国旗の損壊罪のほうが外国国旗の損壊罪よりも刑が重く、また米国やフランスでは自国国旗損壊罪はあるが、外国国旗損壊罪はありません。諸外国では自国を貶めることのほうが他国を貶めることよりも重罪となります。

私たちは社会の一員として、一個人としても、また公人としても良識のある判断・調和を保つことの判断ができる人間となることが理想です。そのためには、家族・地域・社会・国家・世界の中で少なくとも人として常識のある人間となれるような教育が今、最も求められています。

国民として自国の国旗を掲げることは世界の常識なのですが、日本人は未だ常識のある教育を普及させられないでいます。

世界の全ての国では自国の国旗や国歌を心から尊重しています。

学校や家庭でも誇らしく教えています。しかし、我が国では戦後長きにわたり多くの家庭や学校で、自国の国旗や国歌と外国の国旗や国歌を蔑《ないがし》ろにしていることが普通になっています。

我が国では、国旗・国歌を尊重することを全く教えていないから、アフリカでは国旗掲揚に起立しなかった、常識を弁わきまえない不敬な若い日本人は、銃剣を付きつけられたり、隣国でも（一部の教師と学生）達は、鉄拳で頭や顔を殴られるという暴力をもって教えられる 実に危険で手痛い目に出合っています。これが現実の姿なのです。

【一九八九年、日本の若者・青少年達が外国で、当該国の国旗を敬礼したのは全体の二五・六％で、残りはしなかった。

一方米国の青少年は九七、四％であった】ということが財団法人日本青少年研究所より報告されています。外国人と交わる時に礼節や、常識を弁《わきま》えない日本人はその都度大変ヒンシュクを買っています。大恥をかいて、しかも日本では傷害罪になるほどの大変危険な手痛い目に合っています。これまで、家庭と学校でしっかりと教えなかったからです。

「何故国旗を尊重する事を教えてくれなかったのだろうか？」と親や一部の教育者・憲法学者・弁護士等に非常に大きな反発心も生じることでしょう。

この方々は日本国の国旗を軽んじ侮《あなど》っていますが、国家の名

誉を否定する事は反日精神と全く同じであります。国家の名誉を否定することは古来より、日本人の一般的な社会通念に全く合致するものではありません。

そのような不条理なことを無くす意味でも、家庭と学校を始め、社会の各方面で、公正で十分な配慮と全ての職域・職責においても、より一層常識的な教育と指導がなされるべきであるということを進言致します。

靖国神社参拝問題について

私は年に一度上京したときに、皇居の遥拝《ようはい》をして、靖国神社に参拝します。時間があれば、明治神宮にも参拝いたします。

感謝の真心をお捧げすることと、靖国神社では数多くの戦死された御霊に衷心より、感謝と深い慰霊のことばをお捧げにいく為であります。

いつも不思議に思っていたことですが、祖国の為に命を捧げた尊い数多《あまた》の御霊に慰霊のことば・感謝の言葉をお捧げすることは、後の世を生きる、子や孫の世代の人々にとって、当然のことではありませんか。

日本の国を司《つかさど》っていく尊い職にある政治家の皆さんにとっても全く同じことではないでしょうか。どうして批判されなければならないのですか。また何故、その批判を甘受しなければならないのでしょうか！

尊い、かけがえのない、青年たちの命を、同胞の為に、国家国民の為に、我が家族の為に、愛しい人のために、身をもって捧げて下さった多くの御霊を慰霊せずして、感謝せずしてなんとするのでしょうか！

多くの尊い若人《わこうど》の犠牲の上に、今日の繁栄があるのではありませんか!!

ここにまた、関西から古代の、アキレハテの神が登場されました。是非一言申したいと仰せられていますので、お伺いいたします。

『近隣諸外国カラノ批判は全く正当デアリマヘン。オドシヲカケタリ、我ガ国ノ重要問題ニモ、中止ヲ強要スルナドハ、モッテノホカデハアリマヘンカ！　内政干渉モ甚ダシイコトデアリマンガナ！「内政干渉ハオヤメナハレ！」ト、毅然ト、大声デ反論スレバヨロシオマンネン！』

と大層に、憤慨されて申されました。

この脅しにうなだれて、じっと我慢の子でいては全くよくありません。恥ずかしい、情けないことです。為政者、官僚はもとより、民間人も、日本人はもっとしっかりと日本人魂を取り戻してください。

日本国民の尊厳性が破壊されているのですから、特に政治家の皆さんはもっとしっかりと自覚を深められ、勇気を奮い起して立ち上がって頂きたいのであります。戦いに勝っても敗れても、戦没者の命の尊さは同じなのです。世界中で共通しています。『戦没者の慰霊のために、どうして総理が参拝してはいけないのですか？　よくよく御考え直し下さいますように！』

「過去累代の我が国の多くのご先祖さま方に何とご報告を申し上げられるでしょうか？　このテイタラクを御覧になられた、多くの先人の御霊は深く嘆き悲しんでいることでしょう。誠に申し訳の無いことと存じます！」

次に、心が温まる、お話を述べたく思います。

女性神の凄《すご》さ　その功績について

今回、古事記の物語を読んでいて特に印象深く思ったことは、男性の神々や天皇さま方が大事なご事跡を顕《あらわ》されていく一方で、特に女性の神々や皇后《こうごう》さま・皇女さま方が果たしてこられた忍耐強いご活躍とその重要な役割は格別なものであったということです。

このこともまた特筆すべきことであり、心から尊敬に値することであります。

女性神の皆さまは大変愛情深く、かつ優雅でロマンに溢《あふ》れておられます。その一方で、一貫して平和を愛され、清明心《せいめいしん》に基づく生き方をなさいます。そして大事なことには、積極的に男性共々、場合によっては単独で（女性・御一人で）挺身的《ていしんてき》に（難局にあって、進んでことにあたり、捨て身＝我が命をかけて）実に勇敢に尊いことをなされているのでございます。

その心意気は男性をも上回るのではと思えるほどの根本的な強靭《きょうじん》さを身に備えておられます。イザナギサマを命がけでお支えになられたイザナミの大御神さまと、渾身の力で宇宙の世界を護られ、明るく照らされた天照大御神さまをはじめ、愛しい人の為に奔走されたアメノウズメノ命や（スサノヲさまを御支えされたその妻クシナダヒメ、大国主命の命を幾度もお助けになられた母である刺国若比売《サシクニワカヒメ》に同じく、主人を助けられたその妻である須勢理姫《スセリヒメ》、そして瓊瓊杵尊《ニニギノミコト》の妻であるコノハナノサクヤヒメ、さらに豊玉姫命も、倭建命《ヤマトタケルノミコト》（日本武尊）の妻、音橘姫《オトタチバナ》も、皆様誠に優美な麗《うるわ》しい女性の方々でありますが、大義の実現の為には、いかなる危難に臨《のぞ》まれても、決して恥ずかしさや、身の危険にも動じません。

音橘姫は夫君《ふくん》を助ける為に、自らの御命すらをもお捧《ささ》げになって、その尊い功績《こうせき》を果たされています。驚嘆《きょうたん》すべきご事績です。

また神功皇后さまの心意気《こころいき》には男性も顔面蒼白《がんめんそうはく》となります。世の中（国家・国民）を支える為の中心的存在として天照大神様を始め、女性神の存在が真に重要であることを古事記は示しています。日本では、男性と同様に女性が尊重されなければならないことが古代から既《すで》に物語となって示されているのです。

さて次に記すことは、今から約九〇年前のことであります。

第一次世界大戦後（大正時代）のことです。戦争の真っ最中にロシアで孤児となったポーランドの子どもたちがいました。

自国の子どもたちを助けようとしたポーランドの孤児救済委員会は　世界各国に子供達の救助を依頼しましたが、その要請に応じたのは日本の国だけであったのです。

酷寒の地、シベリアで難民となったポーランドの孤児達七六五人を救出すべく、日本赤十字社が感動的な取り組みをします。

当時、西洋の諸外国では彼らを受け入れる国はありませんでした。

栄養失調になっていた子どもたちを助ける為に、日本人は、率先して彼らを日本の国へ温かく受け入れました。痩《や》せ衰《おとろ》えた孤児達は、日赤で手厚い保護を受けました。

多くの日本人も大層親切に彼らに接しました。孤児収容所にお見舞いをされた貞明皇后のお優しい逸話（孤児を抱きしめる）は九〇年後の今日に至っても尚、ポーランド国民から忘れられることがありません。

『桜咲く国』と、日本のことを述べるポーランドの国民からは、日本人と日本の国に対し、感謝と敬意の想いを篤く持たれています。

二年間かけて祖国に戻った孤児たちの多くは、優しい日本人のいる国、日本から離れることを非常に辛く、悲しんで、『日本から離れたくない！』と泣く子が沢山いたという話が伝えられています。

大層、高齢となられたポーランドの孤児の代表者達一同が、ポーランドを訪れることとなられた天皇陛下と謁見《えっけん》するくだりは、涙を禁じ得ぬ大変感動的な光景でした。

祖国に戻ったポーランドの孤児達の学校では　今日に至っても日本の『君が代』が歌われているということです。日本人として、大きく誇りに感じます。

令和四年三月現在、ロシアがウクライナに軍事進攻をして、ウクライナ国民にミサイル攻撃をしかけ、また戦車からの砲弾を容赦なく人民に浴びせ、ウクライナの人々を無差別に多数殺傷しています。

そのポーランドでは現在、ウクライナからの避難民二〇〇万人以上もの多くの人々を受け入れているという…。そのことを聞きますとき『ポーランド人は立派だなあ!!』と思います。

翻《ひるがえ》って、我が国への避難民受け入れを岸田首相が力強く表明しましたが、『何人ぐらい受け入れるのか？』とあるマスコミ関係者が尋ねたところ、ある官僚は『八〇人位ではないでしょうか？』と答えたそうです。

ここに、突然またしても関西風のユニークナ、ビックリノ神様ガ現レテ、ビックリシテ申サレマシタ！『ウソデッシャロ？　八〇人ヤテ？？　八万人のマチガイデッシャロウガ？　ホンマニビックリシマンガナア！　カツテノ日本人のココロヲ想イ出シナハレヤ！』

と、ビックリ仰天しはりましたんやで～！

翩《ひるがえ》って、日本女性のシンボルである美智子皇后さまは、常に天皇陛下の危機をお助けされています。真に御立派でございます。

歴代の皇后さまはいかなる危難のときにも、天皇と共に国家・国民をよく護り、よく支えられて平和と繁栄の道を歩まれてきました。

数千年に及んで我国の礎《いしずえ》を御築きなさってこられました。本当に敬服いたします。坤徳《こんとく》（ちなみに天皇の徳は乾徳《けんとく》）ということばがありますように、世の中で最も大きな御徳と勇気をお持ちであり、誠に尊く、有難いご存在です。

注：乾坤は天地を意味します
倭＝大和＝大和撫子《やまとなでしこ》と、ことばにもあるように絶体絶命《ぜったいぜつめい》、究極《きゅうきょく》のときに耐えうる力は、やはり女性のほうが男性を上回るものを持っているのでしょうか？

今日の生存率や平均寿命のレベルなどを見ましても、そのように数字が示しているのは真実の姿なのでしょう。

なでしこジャパンは世界1～2位なのです。男性群は実に頭が下がります。なにしろ、男性は生まれた初めの時には、女性に育てられるのですから。

日本人と世界の人々に知って頂きたいこと（平成二十八年、記述）

天皇陛下の日常のお姿について最近、心に深く感じることを記します。

天皇陛下は一年間に多くの宮中祭祀《さいし》と国事行為・公的行為をお務めされます。公務ご多用の中を世界の国々の大使と、頻繁《ひんぱん》にお会いになり　親しくおことばをおかけになります。

また、その国のことについては熱心に学ばれて、お聴きになってから会見に臨まれます。これは年中の恒例行事です。

天皇陛下はご即位後、憲法で定められた象徴としてのお立場を常に深くお考えになってこられました。両陛下は、国家間と国際親善に絶大な貢献をなさっておられます。

そのようなお姿を最近テレビなどマスコミで報道される機会が増えつつあることは有難く、素晴らしいことであると思います。

天皇陛下にお会いになられた各国の元首や、首脳陣をはじめ、一般の人々に至るまで、天皇陛下に拝《はい》謁《えっ》された人々は異口同音に、陛下の優しさ、ご誠実さ、温かさに　感激の思いを篤《あつ》く表され、喜んで感想を語っておられます。

我が国、歴代の天皇は年の初めの四方拝に始まり、一年間を通して常に国民の幸せと世界の平和を祈り続けてこられました。今上《きんじょう》陛下もご同様です。常に謙虚に人々に親しく接しておられます。

又災害があれば、両陛下は大変深く憂《うれ》いを持たれ、大層お気遣《きづか》いをなさいます。被災者が一刻《いっこく》も早く助かることを強く願われます。直《す》ぐに被災《ひさい》を被《こうむ》った人々にお会いされて励ましたいと思われているのでございます。

阪神淡路の大震災《だいしんさい》のとき、両陛下はヘリコプターで淡路島にお入りになって、多くの被災者が避難している体育館にお見舞いをなさいました。

まさに、苦しんでいる我が子を遠目に見付け、駆《か》けつけて行かれるようなお姿でした。両陛下は両ひざを体育館のフロアの上につかれて、視線を被災者の高さに合わされまして『お体は大丈夫ですか！大変でしたね！　お元気でね!!』と優しくお声をかけられ、人々の声をお聞きになり、うなずかれ、いたわって下さいました。このお姿を拝見して、

「我が国の天皇、皇后両陛下は、なんという温かく素晴らしいお方なのであろう!!」という深い感銘を受け、感激の情がふつふつと込み上げて、胸が熱くなりました！

天皇陛下は国民の無事を切に願われ、こよなく一人一人を大切にされます。

特に、体に障害を持たれる人々や、病弱な人々、高齢者や幼児に至るまで、全ての国民を心の底から慈《いっく》しみになられます。そのお姿に接して国民は、自然に深い感激の情（気持ち）を表すようになります。

現在の人々だけではなく、多くの戦禍《せんか》に倒れた戦死者の御霊《みたま》の慰霊《いれい》の旅に全国を巡《めぐ》られます。遠く海外迄、篤い誠の心をお捧《ささ》げに行かれます。さらに、その家族や親族の人々にも慰《なぐさ》めのおことばをかけられるのであります。

日本の歴代の天皇陛下は何よりも国民の幸福を強く願われ、世界の平和を尊ばれています。只々　国民の平穏・無事と繁栄を祈られます。そして国家の安寧《あんねい》と世界の平和をお祈りなさっています。いつも私達国民は両陛下に、無事と幸せを深く祈られていますが、真に有り難いことですね。この世の中で最も尊いご存在です。

皇居の勤労奉仕に参加したときのことです。

両陛下を直ぐ目の前で拝見させて頂く機会がありました。そのとき周りに、えも言われぬ（言うに言えない）高貴な白い空気が辺《あた》り一面にみなぎり、天の世界に居るのであろうかと思われるような気分を感じ、全身がふんわりと心地よい温かさに包まれたことが忘れられません。

日本人として生まれてきたことを、かつてこれほど光栄に思い、うれしく、且つ、有難く思ったことはありません、私の脳裏《のうり》に　今尚深く刻《きざ》み込まれています。

天皇陛下は、日本の伝統の継承者として、その重責を果たされながら、国民の期待に応えられるように、皇室がどのような姿にあるべきかを常に模索されてきました。

国民の悲しみを共に悲しまれ、喜びを共に喜ばれる、そのような国民の思いに寄り添われる事をとっても大事なこととされてきました。しかし、そのような天皇陛下の日常のご至誠なお姿を日本人はどれほどの人々がご存じでしょうか？

我が国では、天皇陛下の日常の生活を子どもたちの教科書に載《の》せて教えるべきだと、私は長年思ってきましたが、ようやく少しでも取り上げられるようになってきたことは、誠に嬉しいことであると思います。

現在の日本が平和で安全であるその大元《おおもと》つまりその根源は、歴史的（伝統的）に世界の平和と幸福を願われる（偉大な御人格の）歴代の天皇陛下（元首）が、二〇〇〇年以上の間に渡って我国にご存在される（皇室の存在が国民の精神的基盤となっている）ところにあります。

（皇室を支えて共に様々な苦難を乗り越えてきた日本民族の真摯《しんし》な努力と純真な心を持つ多くの日本人が存在している事にあるのも、もちろんです）

いかなる国であっても、好戦的で覇権《はけん》主義的な元首や国王や大統領等が存在する国家では（いかに国民が優秀であっても）平和や安全というものは決して長期に続いていないことをその国の歴史に照らしてみても明らかなことであります。

「四方《よも》の海　みな同胞《はらから》と思う世に　など波風の立ち騒ぐらむ」というお詩《うた》が明治天皇の御製《ぎょせい》にありますが、太平洋戦争の開戦直前の御前会議の冒頭《ぼうとう》で昭和天皇はこのお詩を引用され、御詠《およ》みになりました。

このことは、そのような時でも、なんとか戦争を回避したいという大変深い人類愛を昭和天皇はお持ちであったことを物語っているのですね。

謙虚でお優しく、温かい、且つ格段《かくだん》に崇高《すうこう》な御人格を有される象徴天皇陛下が、二〇〇〇年以上の長きに渡って我が国日本にご存在されますことの素晴らしさと、偉大さ、有難さを日本の国民に知って頂くことは、誠に重要で、今日その必要なことが最も求められているのでございます。

このようなことを我が国でこれまで教えられてこなかったことは大変残念なことです。世界の多くの外国人は、日本の（国柄の）良さがよく分かるのに、日本人自身が、よく分かっていないということをどのように考えれば良いのでしょう？

駐日大使全員の代表で、駐日外交団長を務めるサンマリノ共和国、特命全権大使《とくめいぜんけんたいし》のマンリオ・カデロさんは、『だから日本は尊敬される』（小学館）という本の中で、天皇陛下のお姿につきまして詳しく記されています。

『今上天皇は第一二五代であられますが、そのことだけではなく、初代天皇が神武天皇であることさえ知らない学生が多いのです。（中略）

実際の歴史上でも大和朝廷成立を五〇〇年頃と考えても一五〇〇年以上。これだけの長きにわたって続いてきた国は、世界中、他にありません。

現存する世界最古の国は日本と言われる所以《ゆえん》です。このことは世界でも広く認識されています。だから、海外では天皇のことをエンペラーEMPEROR（皇帝）というのです。

KING（国王）、PRESIDENT（大統領）、PRIME MINISTER（首相）より、断然格上であるというのが世界の常識です。

国賓として来日する各国要人は陛下との公式行事には、最高儀礼である服装で出席します。世界のほとんどの国は陛下に対して敬意を表しています』（マンリオ・カデロ著『だから日本は世界から尊敬される』）と述べておられます。

日本の国民は大層恵まれています。むしろ日本国民は大変大きな重責を負われる天皇陛下に、ご公務などにおいて、ご負担をおかけし過ぎているのではないか？　と思うほどです。

さらに、これほど大きな日本国民の幸せを、単に日本人の世界だけで独《ひと》り占《じ》めしていて良いものであろうか？　という思いが致します。

世界の多くの国々では日本とは正反対の、テロや貧困や紛争のために地獄の苦しみを味わっている国民が多数います。彼の有名なアインシュタインのことばに、

『近代日本の発達ほど、世界を驚《おどろ》かせたものはない。

世界の未来は進むだけ進み、その間、幾度《いくたび》か争いは繰り返されて、最後に戦いに疲れるときがくる。

そのとき人類は、まことの平和を求めて世界的な盟主《めいしゅ》をあげねばならない。

この世界の盟主になるものは武力や金力ではなく、あらゆる国の歴史を抜き超《こ》えた最も古く、また最も尊い家柄《いえがら》でなくてはならぬ。世界の文化はアジアに始まってアジアに帰る。

それはアジアの高峰《こうほう》である日本に立ち戻らねばならない。

われわれは神に感謝する。われわれに日本という尊い国を作っておいてくれたことを』

アインシュタインは、超《ちょう》一流の理論物理学者でありますが、このことばは同じく世界的な超一流の偉

人で、預言者ではないかと思うほど重みのあることばですね。

天皇陛下が、常に世界の平和を願われておられるように、私は日本国民は平和を願う日本の国柄の良さや文化を真摯《しんし》に世界にお伝えする責務《せきむ》があるように思います。

世界の人々に平和と人道上、命の尊さ：平和の実現等、各国の人々に共通の意識を推進できるように、ことばを発していくことが大切です。

（現在・日本は平和と文化の水準：レベルが世界でも、最も高い中の一つでありますが、同じことを世界の国の人々にも享受して頂くことが必要で、それが強く求められているのでございます）

神さまは、真の世界の平和を実現していく為には日本という国が必要であるとされ、日本の国を創って下さったのであると思います。

古来より、ご皇室が存在され、これほど優しい日本人のいる、大らかで大きな自由がある国で、尚且つ世界の中で、あらゆることが最も恵まれた、安心で安全、平和なこの日本の国に生まれて、平穏な楽しい生活ができることを思う時、一日本人として、大変幸せに思います。日本の国柄には感謝の念が一層篤くなります。

我が国の先人・先輩方に学ぶこと

筆者には近年、よく脳裏に浮かび、ひしひしと感じる事があります。それは、古事記（上巻）を読んでいますと、全編を通して、順序や秩序を尊重することや人の守るべき規律や教え、歩んでいくべき道が数多く表されていることなのであります。当時の人々の生き方が、その精神や行動を詩や会話などを通して、詳《くわ》しく描写《びょうしゃ》され、記述されていますが、それは単なる古典として見る、それ以上のものが含蓄《がんちく》されていると思います。（ご参照『古事記に学ぶ日本の心とことば』津山隆司著）

人の道に適うような生き方を奨励《しょうれい》する倫理書としての意味合いが含まれています。記の文中のことばには、音読する時に音の響きが自然にここちよく伝わります。抑揚（イントネーション＝音声・文章などの調子の上げ下げ）も取りやすく、発音しているとき、その語感には古代人の魂を感じるような気がするのですね。近くにおられるような気がいたします。

古代の人々の澄み切った清らかな感性が、その人々の暮らしぶり（生き方）と、生活信条の中に現れています。それは現代に生きる私達に忘れられ、喪失《そうしつ》された心の美しさ・純粋さというものを思い起こさせて下さるものです。

そのように、尊く、かけがえのない貴重な精神性を古代人が身に付けておられたということ、尚かつ、後進の人々に範《はん》を示され、気高《けだか》い生き方を推奨《すいしょう》されてきたということなどを思うとき、その子孫にあたる現在の日本人は、いかに素晴らしい先人を祖先として持っていたことかと思います。諸外国の歴史を繙《ひもと》き、鑑《かんが》みる時、私はこのように、代々の祖先人が神を敬い、皇室を尊び、人や生命を尊重し、善悪をわきまえ、誠実な生き方を実践されてきましたことに、深い尊敬の念《おも》いを持たずにはおれません。

この中から学ばせて頂く一つに、【人生は明るく楽しく、感謝と思いやりの心を深めて生きていくこと、何よりも、希望を持って、周りの人々と仲良く大らかに生きて下さい】と教えられているように思えてまいります。

日本人は　世界に数ある多くの民族の中でも、真に尊く、有難い祖先を頂く民族であることに、私は大きな誇りを感じます。

日本の歴史を約一三〇〇年　遡《さかのぼ》って古代人の思いに触れてみたときに、『他人《ひと》を愛し、平和を尊ぶ心』をその人々が持っていたことを、世界中の人々が知ることができたら、世界の人々がどれだけ感動されるかを想像するだけでも胸が熱くなってきます。

古《いにしえ》の人々の思いを鑑《かんが》みる時、現代を生きる私達にも大きな希望が生まれ、自信がみなぎってきますね。国の先人に篤《あつ》い感謝の念が生じます。

さて、それから一三〇〇年余り後の現在の日本人のことにも、『決して捨てたものではございません！』というエピソードをご紹介します。

それは、令和五年三月十二日、東京ドームで、大谷翔平選手が放ったホームランボールを外野に居た日本人女性が拾ったのです。彼女は親切に、そのボールを周りに居た人々にも見せてあげたのですね。みんなはスマートフォンで写真に取り込んでいた。

やがてそのボールは、その女性の元に返されたというお話ですが、このことは米国で大変感動的な秘話となった。

『米国では決して戻らない！　海の中に飛び込んでも自分のものにしたい！　というのが米国では普通であるが、日本人はかくも優しい、信じられないほど、思いやりがある人々だ!!』ということが米国を始め、世界中の大勢の人々に知れ渡ったのでした。

次の章からは、宇宙の真理について、その核心部分を記述します。

恐らく、それは現在（令和）の、この世界においても、極めて神秘的エッセイであり、これから記述する所見につきましては、本邦でも数少ない宇宙の真理が記されたものと存じます。

《神と人間：ことばと言霊：魂と霊：文字とことばと光：意思と力：波動：霊性　などについて》未だ、この世界で確実に究明されていないことがらについて、奥深く、清らかで、神秘的な世界を探求し、学んでまいります。

大自然の力、神秘の力により、不思議と心が安心で、魂が浄められていくような爽《さわ》やかさと、麗《うる》わしさをご実感頂けることでしょう。

大自然の中に、混然一体となるような感覚というものが感じられてくることと存じます。

自然に生じてくる感覚や、感性というものは決して、意図的な力によるものではありません。

少し難しく感じられるところがあるかと存じますが、本書を熟読されています（文章を読まれていく）うちに、自然にご理解頂けますことと思います。

そして次に述べる事柄は、神様に近い諸聖人や、高徳な人々を通して伝えられている神聖なお伝えのことばであることを、初めに申し上げたく思いますが、その前にエッセイで気分転換していただければと存じます。

エッセイ

心の温まるお話

普段、親しく接している長男の太一、私と同じ会に所属している46歳の青年（壮年？）と、ある日、三宮の会場で、とある講演会に参加した。その帰りがけのこと。

三宮駅の構内のエスカレーターに乗って降りて来たところ、私のすぐ後ろに乗った筈の太一が、かなり遅れて降りて来たので『どうしたのかな？』と不思議に思った。しかも見たことのない大きな旅行バッグを両手にかついでいた。

「妙だなあ？？」

先ほどまで何も持っていなかったのに？「どうしたの？　その大きいバッグは？」と聞いてみると、彼は言った。

「いや〜、あのご婦人（見知らぬかなり高齢の女性85〜90才位？）がこんなに大きなバッグを持って、エスカレーターに乗ると非常に危険だし、降りるのをためらっていたようなので、『私が持って降りてあげましょう』とそれを持って、エスカレーターに乗ったものですから、遅くなってしまいました！」と答えました。

その後ろにいた御婆《おばあ》さんはこちらを向いて、大きな声で『有難うございました！』と深々と頭を下げて、お礼を言いました。大変喜んでいました。

咄嗟《とっさ》の判断に私は深く感じて、「偉いなあ！　よく機転をきかせたものだね」と申しました。


その数か月後のこと。太一の息子（中学生の桂一郎君）と、同じ三宮駅の構内の下《くだ》りのエスカレーターに乗る機会があった。私は先にエスカレーターに乗って下に降《お》りました。下で彼を待っていたのだが、なかなか降りてこないので、気になって上に戻ってみようかな？　と思っていたら、ほどなく彼が降りて来た。「どうしたの？　心配したよ」と聞きました。

私が持って
下まで降りますよ！
ありがとう
ございます

すると彼は言いました「降りる人に順番を最後まで譲っていたら遅くなった！」と。それで私は、「君のその優しさは、お父さんにそっくりやね！　とっても素ばらしいことなんや!!　でも、こんなときは最後まで順番を譲らなくても、皆の流れに添ってエスカレーターに乗ればええんよ！」と申しました。そのとき、彼の父親ゆずりの優しさにも本当に感心した次第です。

エッセイ

さわやかなお話

日本の心とことばを学び合う会で、やはり普段親しく接している44歳の次男・公作（やはり壮年か？）は、ある日、なんとか車が一台通ることが出来るほどの狭い道路を歩いていたとき、高齢のおばあさんが、道路の溝《みぞ》に自転車に乗ったままで倒れていたのを見つけた。

彼はそのとき手を怪我していて、なかなか力が出なかったそうですが、時間がかかったけれども、なんとか彼女を助け起こすことが出来たのです。その時、

「多くの車や自転車に乗った人が次々に通っていったのに、誰も彼女を助けようと手伝ってくれる人がいなかったので、腹立たしい気分だった！」と申しました。

御婆《おばあ》さんに「一人で帰ることができますか？　大丈夫ですか？　気をつけてね！」と言って帰ろうとすると、彼女は丁寧にお礼を言ってくれて『是非、僕の名前と住所を教えて欲しい』と聞くものですから、

「何もご心配なく」と言って、名前も住所も何も言わずに帰ってきたということなのですが、褒美やお礼も何も求めず、人を助けようとしたこの青年たちの思いやりのあるさりげない行動を見聞きした時、心の中にほのぼのとした気持ちが生じてきました。

このような青年たちの存在を有難く思い、嬉しく思うと同時に、とてもさわやかな印象に刻まれる想い出として今も心に深く残っています。

私たちの会のメンバーは全員がつねに、同じような心配りと行動をしてくれていますことに心から有難く思います。と共に、お互いが切磋琢磨《せっさたくま》（錬磨《れんま》）できることの喜びを分かち合える幸をも頂いております。

感謝！

エッセイ

優しいお母さんとお嬢さん

約一〇年ほど以前のことでした。平成二十四～五年頃だったかと思います。初秋の或る日の夕方に、私は飼い犬である大きな体の太郎を連れて洲本高校の周りを散歩していました。

すると、突然夕立がやってきた。

『早く帰らねば、びしょ濡れになってしまう！』と思い、太郎のロープを少し強く持ったところ、突然そのロープが太郎の首輪から切れて外れたのでした。

いつも鎖に繋がれていたものですから、突然、自由になった太郎は喜んで百メーターほど全速力で走っては戻ってくる。多くの車が通る伊勢の森神社の危険な北側の道路を、とても嬉しそうに何度も走り去っては私の足元まで勢いよく帰ってくる、それを繰り返しました。

危険だから早く捕まえねば！　と待ち構えていたのですが、素早い動きの太郎をなかなか捕まえることができません。少し困ったのでしたが、なんとか、ようやく太郎の体を捕まえることが出来ました。

太郎をだき抱《かか》えて、道路上に佇《たたず》んでいた。

『どうして連れて帰ろうか？　家までは約七〇〇メートルはある。太郎のような大型犬を抱いて帰ることはとても不可能だし！　それに雨が激しく降ってくる。いつまでもこの場所に佇《たたず》むこともできないし、困ったなあ…、ホントウニ！』と思っていたそのとき、ひとりの女生徒が近づいてきて、私と太郎の様子を眺《なが》めていた！

『あ！　そうだ！　この人に携帯電話を借りて、たまたま神戸から帰省していた長男・太一に車で迎えに来るように頼んでみよう！』と思ったのだ。

勇気を出してその女性に「すみませんが！　携帯電話をお借りしても宜しいでしょうか？　車で迎えに来て頂こうと思うのですが？」とお願いをしてみると、「どうぞ！」と大変親切に貸してくれました。

「申し訳ありませんでした。本当に助かりました！　有難うございました！」とお礼を申し上げました。

そして、しばらく強い雨に濡《ぬ》れながら太一が来るのを佇《たたず》んで待っていました。すると、先ほどの親切な女性徒が再び私の前に歩いてきました。傘《かさ》を一本余分に持って、優しく声をかけてくれました。

「どうぞ、この傘をさして下さい！」と言って、傘を私に使うように勧めてくれたのでした。

「はあ…」と私のほうが大変びっくりいたしました！『いまどきこのような親切な女生徒が世の中に居るのだろうか』との想いが浮かんだのでした！「本当に有難うございます！　でも、どうしてわざわざ持ってきてくれたのでしょうか？」と大変不思議に思って尋ねてみますと、その女生徒が申されました。

「家に帰って、お母さんに今の出来事を話しました。そうすると、お母さんが、『雨に濡れて困っているのだったら、直《す》ぐに傘を持っていって、雨に濡れないように傘を貸してあげるように！』と言いましたので持ってきました」

私はそのいきさつを聞いて、電気に打たれた如く、感激の衝撃が走りました。『なんという優しい親切なお母さんとお嬢さんなんだろうか!!』

実に素敵なお母さんとお子さんのお話に深く感動して、何もことばを発することができませんでした。『これは夢を見ているのだろうか？』と思うほど、ことばがひとことも思い浮かばなくなるほどの強い感激の気分を味わってしまったのでした！

それでも、ひとこと、

「あなたはどちらの学生さんですか？」とようやく尋ねることばが思い浮かんできました。

すると「洲本実業高等学校です」と彼女は澄み切った小さな声で答えました。女学生に「名前を聞いても良いのだろうか？」と躊躇《ためら》って、私は「本当にありがとうございました!!」と心から感謝のことばを述べただけでした。

帰宅後に、『シマッタ!! 何故、彼女のお母さんにもお礼の言葉を伝えるように気遣いができなかったんだろうか？ 太一の迎えの車が到着するまで傘を貸して下さっていたのに！ カエスガエス、ホントニ申し訳のない無作法なことをしてしまった』と余りにも気が利かなかった自分自身に、実に腹立たしい想いがしました。太一も「それは残念なことやったね！」と、私と同じ気持ちを発していましたが、私は名前も聞かずにいたことを大変申し訳なかったと思い、家から洲本実業高等学校にお礼の電話を致しました。また、当時、洲本実業高等学校で教鞭を執っていた英語教師の英国人（本人曰く二メートルの身長）と、オーストラリア人（本人曰く一九〇センチ）にも伝えました。

すると彼らは『実高《じっこう》（洲本実業高等学校）の生徒は人間性が良くて親切ですよ！　良かったですね！』と明るく元気に申されました。今でも温かい心の持ち主の、そのお母さんとお嬢さんには感謝の思いを是非とも届けたく思います。今では、きっと優しい素晴らしい人柄となられたことでしょうね。

約一〇年ほども以前のことですが、もしも、お会いできればお礼のことばをお母さんにも届けたく思います。伊勢の森の前を通る時、今でも、ほのぼのとした気持ちが生じます！

パート・Ⅲ〔不思議な宇宙の真理〕（ことば：言霊：音霊について）

さて、古典《こてん》を読むときに大変重要なことは『ことば』と『文字』にあります。

それがなくては語ることも記すことも、全てにおいて、私たちの生活すらもできません。

人生上のすべてのことが何も出来ないことに気づきました。そのことをいろいろな書によって学びました。

そこで、ことばの重要性について感じた思いを記します。古典を学び、また人生を学び、宇宙の真理《しんり》を学ぶとき、実は、ここが一番大事なところであるということが分ってまいりました（この大切なことを、皆様とともに学ばせて頂きます）。

新約聖書《しんやくせいしょ》ヨハネによる福音書《ふくいんしょ》の第一章、第一節にはこのように述べられています。

①　初めにことばがあった。言（ことば）は神と共にあった。言《ことば》は神であった。この言は初めに神と共にあった。すべてのものはこれによってできた。できたもののうち一つとしてこれによらないものはなかった。この言に命があった。そしてこの命は人の光であった。光は闇《やみ》の中に輝《かがや》いている。そして闇はこれに勝たなかった。

という、とっても新鮮でユニーク（独特）なことばが記されています。ここには、ことばによって世の中の全てのものが生み出されたと記されています。

筆者が青年時代（十八〜二十二歳の頃）に、この文章を読んだとき、正直に申しますと、『本当？ 本当にことばがこの世をつくり、全てのものがことばによってできたのかな？』と半信半疑であった。むしろ『そういうことは あり得ないのでは！』と思ったのが偽らざる率直な想いでした。大変不思議に思ったものでした。

そして次に、

② 弘法大師《こうぼうだいし》＝空海《くうかい》が大日経《だいにちきょう》で【声字即実相《しょうじそくじっそう》】

（宇宙全体が、大日如来の言語が現したもの）と説いていることを目にしたのであります。不思議なことでありますが、先ず第一に、文字を声に出すということは、ことばを発《は》っするということですから、ことばは、すなわち、世界の実相《じっそう》（ありとあらゆるものの真実の姿）を、世の中の全てのものを、作り出したという意味に理解できます。

また第二の解釈は、『声』は言葉であり、『字』は文字を意味するものと理解できます。そういたしますと『声』つまり『ことば』も『文字』もそれは両方とも真理【世の中の実相＝真実の姿＝全てのものを生成《せいせい》していること】を指《さ》し示すものであるというように解釈できます。

そして、さらに不思議なことに、近年筆者《ひっしゃ》は、もう一つ類似《るいじ》した文章を学びました。それをご参考に記します。

言霊《ことだま》について

ひふみともこ記『神誥記《しんこうき》』の文章をご紹介いたします。

①言霊《ことだま》というは、ことばの魂《たましい》。ことばの内奥《ないおう》（おくふかく）に籠《こ》められたる、ことばの命と祈りなり。神はことばの一つ一つに神の祈りを籠められたれば、そのことばを発することにて祈りは叶かない、願いは起《お》こりて実現せん。なればことばは音霊（おとだま）にて音の波動《はどう》がことを起こし、音の波動が伝わり広がる。さにてことばはこの世を創《つく》りこの世を興して整《ととの》え来たれり。（次に、『神からひとへ‥上巻』には）…、

②ことばは全て。全てはことば。

この世の始めにことばあり。始めのことばに神ありき。

と記されています。右の文章を現代の語で記します。

【言霊《ことだま》というものは、ことばには魂が宿っているということである。ことばの奥底には神から与えられた命と、神の祈りが籠められているのであって、神はその一つ一つのことばを発することによって神の祈りは叶い、神の願いは、実現していくことになるのである。

ことばは音の魂（＝波動）であり、音の波動というものが全ての物事をこの世に生じさせ、それがこ

の世界に広がっていくこととなるのである。
このようにして、ことばというものがこの世を創り、この世を調和よく発展させてきたのである」という意味に理解できます。また「ことばは全て、全てはことば」という意味も、【ことばは全て神を顕わすものであり、このことばによって、この世の全てのもの一切が生じている】ことを語っています。次に、
この世の始めにことばあり。初めのことばに神ありきということは、【この世の始めにはことばがあった。その始めの言葉というものには神が存在していたから、ことばというものに意味を顕わすことができたのである】というように理解できます。

注：神誥記（ひふみともこ女史が記した書）※印（万物を生成：進化する力）

①の言霊につきましても、①と②の枠内の文章と不思議なくらい、同じ意味が記されています。ここを読んだとき、私は本当に驚きました。というのも、その三つの文書には、洋の東西を問わず、日本の神様も、空海（空海は仏教の神髄《しんずい》：密教を会得しました）も、聖者ヨハネが述べたことも、（参考・創《そう》世記《せいき》第一章・注ご参照＆モーゼの十戒）それらは全て、神・仏からの伝え、導きに共通して一致していることが分かるからです（神秘的な神様の世界を理解するのは、少々難しいことと感じますが、実に興味が湧《わ》いてきます）。
次に、これまで記した文章はことばが持つ力について言霊と音霊《おとだま》（音の波動）という働きがあること

を通して、この世が創られてきたという事を記したものです。

（言霊についいては次の枠内の注をご参照下さい）ここは実に重要なところですから、もう少し学びたく思います。

注：『言霊（ことだま）とは、ことばの（魂《たましい》＝霊《たましい》）のこと、であって、ことばの奥深くにこめられている、ことばの命と祈りである』とあります。

ただ（言霊《ことだま》＝ことばであることなど）これから記しますことにつきましては、現在、未だ科学的に証明されていない事柄です。

理論では表しきれないもどかしさを感じますが、始めに推量《すいりょう》に基づくものであることを付記《ふき》（付け足して書き記すこと）いたします。しかし、ことだまについては大変ロマンを感じます。

本当に不思議に思えることばかりですが、神誥記に記されていることばというものの意味を考えてみますと、

神さまは一つ一つの言霊《ことだま》の中に神の祈りと命を宿す力（霊力＝波動）を籠《こ》められていますので、そのことばを発することで、神さまは祈りを叶えることができます。どういうことかと申しますと、『ことばを発することにより、神の祈りを受けた万物は命と生（一定の期間この世で生きる体）を授《さず》かることとなります。ことばの発する通りに何事もが起きてくる（生じてくる）＝神の力が働いてくる』ということを意味しているのであります！

（枠内の文章からこのように理解できます）本当に不思議です！
ご参照：『神から人へ』下巻２４４頁〜、ひふみともこ著

注：旧約聖書　創世記の天地創造に関する第一章第一節〜三一節ご参照
【神は言葉で言ったところ、全てが言った通りに素晴らしい大地が、人を始め、全ての生物が、自然が、食物が生まれた】と記されています。

今日のことばでも、ことばの霊力：言霊《ことだま》により、心の浄《きよ》めは生じるとされています。不思議なことですね。さらに、もう少し深く見つめたく思います。始めに、神様の心、ことば、それらを顕わす時、つまり宇宙を創る時には始めに、波動（ことばには音の霊という音霊：即ち波動）というものが根本的な元のものとなっていることを認識しておく必要があります。

ここは、宇宙の根源的な最も神秘的、且つ、重要な神様の領域を研修しているところです。しかし乍ら、もしかすると、お読み頂いている時に眠気が襲ってくるかも知れません。神様から慈愛の波動をお受けになりますので、とても安らかな気分を感じます。それは自然なことなので、眠くなっても、どうかご安心下さいますように。

また、お読みになられていますと、自然に魂が浄められていくような新鮮な気分をもお感じになられることがあることと存じます。それでは、本題に戻ります。

我が国では古くから言霊信仰がありました。
神さまからのことばというものは神様の御心による音の霊《たましい》（霊＝波動、即ち音から生まれる波動）と

も言えるものであり、ことばは音の高低・大小・長短・響き・旋律音等、全て波動の働きによって生じるものと推定できます。（音に神秘的な働きがあります）この音の波動が目には見えない最小のもの（光子・即ち光の粒子：電磁場の量子化によって現れる素粒子）（原子・電子・量子・素粒子等は光の波動から生じたものと推察）となって出現し、それらを神さまが定めた宇宙の法則：仕組みに連動させて力（＝作用）を生じさせ、いろいろな形となって、目に見える有形の物（及び、目には見えない宇宙に必用な無形のエネルギーや物質）を発生させてきたのではないかと推定されるのであります。恐らく、神様が次元を超えた所から、人知《じんち》（＝人の知恵）には及びもつかない神秘的《しんぴてき》な働きを通して、人間の想像や理解を超《こ》える巧《たく》みな工夫《くふう》（＝考案《こうあん》・精巧緻密《せいこうちみつ》な働きの世界から偉大なパワー）を生じさせ、この世に顕《あら》わされたものであると、推測できると存じます。そのようにして、神さまからのことばがこの世の全てを作ってきたのであると考えられます。ここに、またしても、関西方面から、お見えになった、お尋ねの神という現代の神が登場されてお聞きになりました。

「ワテラハ現代ノ神ヤカラ、宇宙ノ始マリノ頃ノコトハ、ヨウニ、ワカラヘンモンヤカラ、ソンナ不思議ナ力《チカラ》ガ、コトバ：言霊ニハアルンデッシャロカ？　ホンマデッカイナ？」

と筆者曰く、「どうもそのようなことらしいのですね。しかも、そのことば（言霊）は、ただ単にこの世を創るだけではなく、不規則なものや不安定なもの、不足しているものなどを一定の秩序《ちつじょ》に基いて整え、安定させ、循環《じゅんかん》させる働きなども定めて、常に豊かな世界になるように整えよう（進化：発展させる）とされるもので、神さまのことば（言霊）というもの、それは、神さまの願いの元に宇宙界において、陰陽：原因結果を含む循環の原理など、万能の働きがなされる力を発揮し、どこまでも及ぼす事ができるものであると推定されます」

言霊《ことだま》と呼ばれる音の霊《たましい》というものは神の御心から現れる波動です。それが神さまの願い、神さまの祈り（み心：ご意思）を表すものであり、命（光）が元になっているとされています。

不思議がる神がおいでになって申されました。

「コトバトイウモノニハ不思議ナカチカラガアルンヤネ⁉　ホンマニ、スゴイワ！」と。

さて、ことばというものは神秘的《しんぴてき》な働きをする神聖なもので、至上《しじょう》（最上）の働きをなすものであるというように考えますと、上記の文章の奥に秘められている意味が少しずつ、理解ができてくるように思います。

当初、信じられないこと、不思議で仕方がなかったこと（音に秘密の働き有り）が、少しずつ理解できてくるようになってまいりました。そして、何よりも大事な点は、ことばは大変重要なものであるということです。

（前述部分では、神様からのことばには魂が備わり、命があり、世の中の全てのものを作ってきたという事を述べているのでありますが、そういたしますと、地上の全ての物モノには神様の霊《たましい》が宿っているということが理解できてくるように思います）

ここにも再び現代の関西の神である、フシギガル神が現れて申されますには、
「ソンナフシギナハナシハ、ホンマデッカイナ？　ト、オモッタンヤガ、ドウモ、昔ノ神々ニタズネテミタラ、ホンマノヨウデスワ！」

とお話になりました！　筆者曰く「本当に不思議なことですね。私自身も実に不思議に思いますが、それが宇宙の真実の姿のようなのです。今、皆様とご一緒に　宇宙、大自然の解明《かいめい》されていない大変神秘的《しんぴてき》で、心トキメク未知の領域を学んでいますので、もう少し見つめてまいりましょう」。

注・言霊：ことだま＝ことばは次元：時空を超えてどこまでも届きます。それは光よりも早く、祈り・想念と同様に　宇宙の中で最も瞬時に神に伝わるものとされています。換言しますと、

ことばとは＝音霊であり＝音の波動＝であり＝言霊である＝力であり光であり愛であり、又、神の祈り（神の命）であり、神のご意思：霊《たましい》である。

それは神そのもので、全て神さまによって、ことばというものが根本的に秘めている性質の全てを具体的に表されているものであると理解できます。

枠内のことばと言霊は（音の波動であり音霊と）同じものです。

【その本質は、全て、神のご意思でいろんな形となって顕われることを意味します。多種の力(働き：作用)が表れていますが、それらは、神が全能の力を如何様にも表すことができるものであると、理解する事ができます】

（ことば＝言霊＝神であるといたしますと、ことば＝次元を超えて最も早く神に通じていくものであることが理解できます）

ここにも、現代の関西の不思議がる神が来て、お話になりました。

「凄スゴイ不思議ヤンカイサ！　ホンナラ、コトバトイウモノハ、万能ノ力ヲ持ッテオルンデッシャロカ？　神様ト同ジ力ヲ発揮スルトハ、ホンマニフシギデンナア‼」

筆者曰く、『本当ですね！　このことばからは、祈りのことばとして、人が祈りを無心にささげる時、大きな力が生じるようです。（大祓《おおはら》いのことば・いろは・ひふみ祝詞・祓え詞・般若心経・観音経・聖書の祈りのことば・讃美歌）など、神仏の、み心に一致する浄《きよ》らかな祈りのことばや、音曲（メロディー・旋律）からも、人知を超えた力、即ち神の霊力（光：即ち波動）が表れ、働き、人の魂を浄め、心安らぐ働きが現れてくるのです。』

また、文字からも同じく文字霊（もじのたましい）が表れて私達の目を通して私達の心と魂に光を発し、その霊力が及んできます。清らかな文字による文章には心が洗われます。文字霊《もじたま》と人の霊《たましい》（元来神から授かった人のみ霊は光り輝くもの）は共振共鳴します。清らかな言霊と文字霊は人の霊を浄める力が生じ、邪《よこしま》な言霊と文字霊からは、人の霊を濁《にご》らせる力が現実の世界でも生じて、働きます。

（ひふみともこ先生記述の４冊の書記を読み書きする時、常に筆者の両手の平に文字霊：即ち波動が伝わるのを感じます）ここまで、重要なことを記してきましたが、お読みになられているうちに、少し眠くお感じになられたのではないでしょうか？　それは、神さまの慈愛の光：エネルギーが十分に降り注がれてきますので、安心で安らかな気分が生じてくるからでございます。

人の心が神の心に近付き、覚醒《かくせい》し：神の心と一体となるとき、神さまの力（光）がより強く大きく与えられます。私達の心と魂がより純粋に、浄められ高められてまいります。

人が本来、神さまから宿されている潜在的能力を最大限、オンの状態（発揮できる状態）にすることが可能となるからです。これまで述べてきましたことが次の枠内の文章に要約されています。


ひふみともこ記「神から人へ・上巻」に…

『神のことばは言霊のみ。言霊なるは音にあり。音の一つ一つに波動あり。さなる波動に力あり。力は人をもちて、浄むるの力あり』と記されています。ここでは、浄めの力を持つ言霊を大事にしていくことが、重要であると述べられています。

（同書二二頁に、人は神のお役を果たすことが可能である。何故なら人は、神の子なのだから。神が望まれし魂とならば、神はその魂を使って、神のみ業《わざ》をなしたもう）とあります。

人が無心（＝神の心：神の光と一致する心と魂）となり得たとき、祈りのことばによって、神さまのご守護（霊力）が働き、人の邪《よこしま》なる魂が浄められ、病《やまい》が癒されるということを、お示しになっているのです。

例えば、キリスト・仏陀等の諸聖人には神様のお力が与えられました。それは人の病をも浄められて、癒《いや》すことが出来る力が生じたものであると言えます。このことは人間の純粋な真心により、常に神を敬い、謙虚で真摯《しんし》なことばを発して精進努力をする人には、一般の人であっても可能であることを示唆《しさ》しています。これに関連して述べられていることがあります、新約聖書・マルコによる福音書・七章・二〇節にイエスはこのように言われた。

『人から出て来るもの、それが人を汚すのである。人の心の中から、悪い思いが出て来る。不品行・盗み・殺人・姦淫《かんいん》・貪欲・邪悪・欺《あざむ》き・好色・妬《ねた》み・そしり・高慢・愚痴《ぐち》。これらの悪は全て内部から出てきて、人を汚すのである』関連して、聖書の中にも記述がありますが、祈りのことばというものは実に大きな力を発揮いたします。清らかな心と浄《きよ》い魂をもって、病の回復を無心(神を信じ委ねる心)になり、神にことばを発して祈る。この祈りのことばからは、(その人が神の御心に適う：一致する）そのとき、人々の病気などが治癒《ちゆ》し、私たちの上に信じられない大きな力（光）を賜り、神秘的なご守護を得られる事が多いことに気づきます。

(神の御心に適わない時)

それは病《やまい》の人、若しくは　祈りを捧げる人のいずれかに・或いはその両者に、疑いを抱くなど、または、人の我欲が強く、曇った魂のままで行うとき、また、何らかの理由で神の御心に一致しない、そぐわないことがあれば、神の力を賜ることが難しいという意味です。

キリスト教が世界最大の宗教となった大きな原因の一つは

キリストの偉大な人類愛にあることは申すまでもありませんが、神さまへの祈りの中で、感謝のことば、他人《ひと》の幸せを祈る愛のことば、謙虚に反省することば、神への信仰のことばなど、人生上で最も主要な事柄を、人々と共に清らかな心で、わかりやすいことばを発し、神さまに敬虔《けいけん》に祈るところにあります。

そのことばには誠の心（浄らかな愛の心）が籠《こも》っているから神様に瞬時に伝わるのでしょう。

わかり易い祈りのことば《言霊》が人を動かす（感化され、霊・身体が救われる）のです。そこに大きな神の力：真理が顕れる神秘的な力があります。

全てにおいて、愛の心とことばの偉大な力が生じているのでございます。

次に、大変参考となることばを掲《かか》げます。

ひふみともこ記・神誥記　二四六頁【祈り】より

神から人へ与えしものは、物質、生命、いろいろあれど、最も尊き恵みのものは、ことばならずや。文字ならざるや。

そを浄めるは最も重要、最も初めの祈りの全てよ。そを忘れては、何をするとも何も意味なし。価値も無し。神への感謝を返すもことばよ。ことばに誠の心をこめよ。ならば自ずと清まりゆかん。神へと思いも届きゆきなん。

なれば人の祈りとは、清き音霊、言霊もちて、心の奥底、魂の底、全てをこめて高めるべけれ。何はなくとも、失いぬるとも、ことばの清さは保ちてゆけよ。神への感謝を忘れざらば、ことばの尊さ、ありがたさも、忘れず永久《とわ》に継がれてゆかん。神への恩を返すも同じ。

神への感謝、それにて充分、神は喜び、受け取り、祝わん。神への感謝は自ずと広がり、人から人へと伝わりゆかん。

――閑話休題――

今、世の中どこか歯車が狂っているような気が致します。この頃よく思う事でありますが、かなり妙な感じなのですね。皆様におかれましては、どこにいても、『少しおかしいな？　変だなあ?!』と思われることがありませんか？　例えば、外を歩いていても、道を塞《ふさ》いで譲らない人々。守るべき交通ルールも守らない。ゴミは他人の所に投げ捨てる。喫茶店やレストランの中では汚いことばで、聞くに堪えないほどの大声（笑い声）で話をするのが普通の人々。

些細《ささい》な事にカットなって怒る人々！　健康なのに毎日多くの病院に通い、手に一杯の薬を持って帰る。「全部飲んでも効かない、余計に調子が悪くなった！」とぼやく人（この人〔私の知人〕は薬を止めたら、直ぐに体が元気になりました。ホントウのことです）。

自分が故意に人を殺傷したり、窃盗をしたり、法を犯して刑務所暮らしをしたいという人。死刑になりたいと願う人さえ現れています。もうやぶれかぶれ（すてばち）になっているのでしょうか？　車に乗っていると、少しのことに、（信号が変わったのに気づくのが、二〜三秒遅れたら、クラクションをけたたましく鳴らし、）大声を出して乱暴な言葉で罵《ののし》る人。幾度かアオリ運転紛まがいのような人に出合いました！

車の運転では、皆の緊張感が高まり、危険回避を意識づけていますから、異常心理（カッ！）となりやすいことがよく分かります。しかしながら現在、日本の社会では車を運転する多くのドライバーが自分の感情をコントロールすることが難しくなってきているのではないでしょうか？

その原因には幾つかあると考えられますが、その一つには、現在、恐らく低い規律を教える日本の多くの（家庭・学校・社会）での教育と、ＴＶやマスコミ（映画・ネット・スマートフォン・アニメ）等の影響によることが大きいものと考えられます。

「みんなあのような考えで居るんやから！　あの位・あの程度に自分もしておればそれで良いのだ！」と思い、同調力を受けて、自分の言動を低めてしまうことを、少しも悪いこととは感じなくなるからでしょうか？

『私モ世間ナミデエエノヤカラ！』と一人、自分だけが倫理・道徳的であるほうが目立ってしまうから？

損をするし、恥ずかしい気持ちにもなるし、バカラシク‥アホクサク思えるからでしょうか？　あるいは、それらのことは、国民一人一人が身に付けるべきものを付けていないから？　あるいは教えられていないからでしょうか？　それらは恐らくＰＭ２・５とか、コロナウイルス等により、世の中の波動（空気）が汚れすぎていることにより、人々の神経が過敏に反応しなければ、常に自分が危険な目に合う恐れがあるので反射的・本能的にそのように反応するのではないかとも思えます。

　私も過去に（カットナッテ、人ヲ怒鳴リツケタコトガアルカラ、偉ソウナコトハ申セマセンガ‥！）さらに、自分の興味がある事には力を入れて取組みをしますが、他人のことには無関心。他人が傍《そば》で苦しんでいても知らん顔して通り過ぎる。このごろは人情味が薄くなり、人助けをしない人が増えています。

　他人《ひと》のことには冷淡になっているような感じがするのですが、私一人だけがそのように感じているのでしょうか？

　地球レベルで眺めても！　世界の首脳は罵《ののし》り合い、経済的にも環境的にも、他国をボロクソニノノシリ、独り自分の国を自画自賛しています。

　領土を争奪したり、核実験など凡そ人類の生存上に、不必要なことにばかり力を出し合って、いがみ合っているのは本当に正常（マトモ）な事なのでしょうか？　世界の多くの首脳達にとってはマトモだそうですが、小学生に聞いても判るようなことが、世界の偉い首脳達には判らないのですから？　これは少し変ではありませんか？　子どもたちは「アホトチャウカ？」と思っていますよ！　どこかが狂っていますよね?!　それは何故なんでしょうか？

突如、古代から、関西の嘆きの神様がおいでになって、申されました。

「ハア〜! 世界ノ首脳陣ハ、子供ヨリモ、バカデッカ?! ホンマニ、ナゲカワシイコトデンナア! エエカゲンニシナハレヤ! ホンマニ!」と。

次に、神から人へ下巻に記されている一節をご紹介します。


「野蛮な戦争、紛争、殺戮《さつりく》。人の正気は、理性はいずこへ。失われしか、捨て去りぬるや、まだ残りしか、人の正義は。平和を尊ぶ心はありや。

助かる術《すべ》はただ一つ。

順序秩序を第一として、正しき道徳、人の道を、歩む導き、光の標《しるべ》。神の定める法《のり》に従い、人の法律、規則を離れ、自然摂理に、調和し生くる。本来易かる生き方なれど、今のこの世の濁《にご》れる魂《たま》には、自然も、宇宙も人から遠く、なきが如くの惨状なるを。

人の科学が、医学が、技術が、神を超えると妄信するか。いずれの時にか、人が神を作る日来ると、信ずるもよし。なれど、今ある人の力に、知恵にてなせることの小ささ。限界知らば、迷いも醒《さ》めなん。己を謙虚に見直せよ。今の己の危うき状況、少しの遅れも許されぬ、緊急事態を早く気付けよ」コノ後モ、感動的ナ神示ノ文ガ続キマス。〔神から人へ〕の下巻に記されています。


続いて、ことば：魂：祈り：言霊等の、宇宙の神秘に関する重要な事柄について記してまいります。皆様と共にしっかりと学びたく思います。しかし乍ら、万一、どうしても眠たくなられ、ここからの文章を読み辛くお感じになられますようなことが御有りの時には、社会の諸問題：心の安らぐエピソード等のパート等をもご覧賜り、眠気を覚まされますことをお薦め申し上げます。

初めに、ことばの大切さについて　仏教聖典二四七頁には、

すべてことばには、
時にかなったことばと、かなわないことば、
事実にかなったことばと、かなわないことば、
柔《やわ》らかなことばと、粗《あら》いことば、
有益なことばと、有害なことば、
慈《いつく》しみあることばと、憎《にく》しみのあることば、
この五対《つい》がある。
この五対のいずれによって話しかけられても、『私の心は変わらない。粗《あら》いことばは私の口から漏《も》れない。同情と哀れみとによって慈しみのある思いを心にたくわえ、怒りや憎《にく》しみの心を起こさないように』努めなければならない！　と重要なことが記されてます。

次に、重要な事柄について、神秘的に感じられる表現ですが、参考文を記します。

一つのことばの波動からさえ、神は命を作り出す。命の育成《いくせい》、魂の発達、全ての奥義《おうぎ》（ごくい：ひでん）に光あり。

光のなくば、命さえ、生まれず、育たず、この世もあらず。光の波動にことばの波動、魂の波動と全ては同じ。

神のみ力その根源《こんげん》は、波動の元なる光なり。光現れ、波動となりぬ。波動は神の御心《みこころ》表し、遠くに近くに、波動を伝え、命を作りて、そを育てぬる。神のことばも波動となりて、そを浄める。ことばは神の御心なれば、神の祈りの籠《こも》りたる、人への願い、そのものなるを。さにて人類一人一人が……

（神から人へ下巻二六八頁・ひふみともこ著）、同じく新約聖書・ヨハネによる福音書・第一章第一節もご参照下さい。


日本のことばは、濁音《だくおん》（＝ガ・ザ・ダ・バの各行の子音）が少なく、世界中で最も美しい音色《ねいろ》を感じさせる、最もさわやかな言語であると、言語学《げんごがく》をご専門の筑波大学教授《きょうじゅ》ひふみともこ先生からお話を聞かせていただきましたが、恐らくそれは最も美しい言霊（言葉の波動）が働いて、私達の感覚《かんかく》（魂）に響いてくるということであろうと思います。

このように　現代の人々には、ことば：ことだま　について深い理解がなされることと、美しいことだまが再生され、文字が復活されていくことが早急に求められているように思います。

閑話休題《かんわきゅうだい》、奥深くて、はかり知れないほどの力を持つことばの神秘について、学ばせて頂きましたが次に、ことばと思いの上に善い行いをすることが最も重要であるという点について、仏教の尊い教えを参考に付記します。

始めに、仏教聖典の教えから。

☆道を求めるものは常に身と口と意の三つの行いを清めることを心がけねばならない。

☆身の行いを清めるとは、生きるものを殺さず、盗みをせず、よこしまな愛欲を侵さないことである。

☆口の行いを清めるとは、偽りを言わず、悪口を言わず、二枚舌を使わず、無駄口をたたかないことである。

☆意の行いを清めるとは、貪《むさぼ》らず、瞋《いか》らず、よこしまな見方をしないことである。

☆心が濁《よごれ》れば、行いが汚れ、行いが汚れると、苦しみを避けることができない。だから心を浄め、行いを慎むことが道のかなめである。（同書二四三頁より） 次に、（同書三六五頁より）

☆ことばだけ美しくして、実行の伴わないのは、色あって香りのない花のようなものである。風の香りは、風に逆らっては流れない。しかし、善い人の香りは、風に逆らって世に流れる。また同書（三七一頁）には、

☆どんな悪をもなさず、あらゆる善いことをし、おのおの心を清くする、それが仏の教えである。

☆忍ぶことは、なし難い修行の一つである。しかし、よく忍ぶ者にだけ最後の勝利が与えられる。

☆病のないのは第一の利、足るを知るのは、第一の富、信頼あるは第一の親しみ、さとりは第一の楽しみである。

☆今日すべきことを明日に延ばさず、確かにしていくことこそ、よい一日を生きる道である（同書三七九頁より）

このように、仏教の教えの中には至上の善心と善行の在り方が具体的に示されています。翻《ひるがえ》って、※日本は言霊《ことたま》の幸和《さきわ》う国であります。政治も、教育も、国民の幸せも、世界の平和も、繁栄も、つまり、この世の全てのことは、心と行いを具現する（実際に現わす）ところのことばの力《その根源は神に由来》によって、より良くしていくことが出来るのです。

さて、ここで、

ことば、ことだまなど、日本の繊細な文化力を、こまやかに表現されている筑波大学の森谷明子教授が出版された『ジャポニズム　ふたたび』という書物の中から新鮮な文章を記したく思います。同書五八頁に、

美しい日本語　最後のとりで

というテーマで記された文章です。

日本の言霊信仰には『言挙《ことあ》げせぬ』という概念がある。

古代の人々は、言葉を神と人とをつなぐ神聖なものとし、言葉そのものに力があるとも信じていた。

不用意に発した言葉は災いの元凶ともなりかねない。『言挙《ことあ》げせぬ』とは、言葉に畏《おそ》れをもって慎み深く使うべき、といった意味であろう。

さて、日本人は『NO』と言えない民族として、外国人を困惑させる場面も多い。きちんと意思表示できるように努力する一方で、ことばを慎むかわりに、どういったコミュニケーションをとっているのかも伝えていく必要がある。日本では、ことばを発する側が表現を慎しむ分、受け取る側の『察する』という力を借りて、つまり双方の歩み寄りによって会話を成立させる不文律がある。双方の息があったところには、いわゆる『以心伝心』『阿吽《あうん》の呼吸』が成立し、その場合有り余ることばを尽くして会話した時よりもはるかに深い意思の疎通が可能になるものである。

受け取る側が一歩出ることで、深く温かな共感と認識が成立することは、文学の世界でも同じである。たとえば、和歌や俳句の枕詞や余韻《よいん》は、察する力を最大限に引き出す為の約束事である。

逆に察する力をもって受け取らなければ、俳句など、言葉足らずの未熟な表現となってしまうため、双方の高い感性を要する文学形式といえよう。

『論破という言葉が飛び交い、証拠の有無でどうとでもごり押しできるような昨今の日本の言葉社会。『言上げせぬ』という言葉への神聖視と、『察する』という想像力をもって成立する深い会話術を、次世代にどうやって伝えていくべきだろうか。

着物も畳も、八百万の神々への経緯も、長きにわたりこの列島で紡がれてきた多種多様な文化が日常から消えゆく中、日本語の美しさだけが最後の砦となると私は感じている。

このように、ことばの尊さを未来の人々に受け継がれていく事の大切さを述べておられます。

古事記と普遍の真理について

本書は『古事記に学ぶ日本の心とことば』の別冊（エッセイ集）となっています。精神世界・人文の世界を中心に著述したもので、古事記に関する事柄、神様と古代人のことなどについても、率直に私見を述べています。古事記の伝承された記述文の中には、神代の出来事で『本当かな…？？』と訝《いぶか》しくお感じになられる部分があるかも知れません。

ただ、特に申し上げたいことは、さまざまな物語の中には、普遍的《ふへんてき》な真理が伝承されているのであります。

古事記という書物は日本の古代社会の人間生活・社会状況の真実を伝える重要な文献であると筆者は思います。神々が地球を生み、分業《ぶんぎょう》されて、それぞれの役割を担当されます。

人々が平和に幸せに生きていく上での、貴重な手本をお示しになっています。

さらに驚くべきことに、神々も、人々も、世の中では、正義を重んじて、日常の生活では素直な優しい心と、清らかなことばによるいろいろな物語が展開されていることであります。

そして、何事にも大変大らかに、楽しく愉快に生きていたことがうかがえるのですね。自分の思いは素直に、はっきりと相手の人や周《まわ》りの人々に伝えていたようです。

素朴で純情で我を没《ぼっ》して善と悪をはっきりと峻別《しゅんべつ》いたします。しかしながら、現代人の場合は黒か白かはっきりしない、グレーなゾーンで生きる人が多いことから、今日の人々とは、かなり異なる生活をされていたように思われます。

古代の人々は人生上の出来事について、身近な問題に、善いことと悪い事柄が生じたときには、どのように受け止め、どのように対処していたであろうかと想いを巡らせるとき、世の中の出来事の善し悪しについては、自然の摂理と社会的法律に則《のっと》って、はっきりとその思いを峻別し、適切に対応していたことと推察致します。さらに、神代の物語を通して「素晴らしい！」と感じたことは先ず、一三〇〇年以上も昔の会話のことばが非常に単純で明快であり、その意味が今日の私達現代人にも分かり易く、理解できるということです。

翻《ひるがえ》って、現在の伊弉諾神宮の宮司、本名孝至氏は「日本古来よりの精神文化の偉大さについて、二〇〇〇年以上に亘《わた》り、連綿と続くこの貴重な我が国の風土・文化を子々孫々に未来へ伝承していくことの尊さ」を、ことあるごとに篤く語っています。

宇宙の真理について

「日本の心とことば：ことのは」には、いずれにも強い波動（言霊《ことたま》＝ことばには魂が備わっている）が働くこと、そして純粋な美しい心に美しいことばを添える（加える）時、この世界に最強・最高・最善の美しい力（神の力：宇宙の真理）が働く（継続すると魂が浄められ、輝いてくる）ということが分かってきました。

〈反対に　悪い心で邪《よこしま》なことばを発した時には悪い現象が働くこと…、いずれもブーメランのように自分に帰ってくる〉ということも分かってきました。

多くの人々は、自分が汚れた悪いことばを使っていると気付いていないことから、種々の悲劇的な問題が生じていることは大変残念なことです。

心とことばの重要さに気づいている人は、世界中でもごく少数の人々に過ぎません。今、早急に！一人でも多くの人々にことばの大切さ・有り難さ・尊さを知って頂く為にも、また、地球と人類を救う為にも、日本の人々には、大変大きい力と役割が求められています。言霊《ことたま》はことばの神（ことばは神）であると、そのように認識しますと　全ての事象・現象は、神さまが定めた宇宙の真理と符合いたします。

続いて、ここで再び、森谷明子先生の『ジャポニズム　ふたたび』の本から、『和以為貴（和を以て貴しとなす）の普遍的な価値』についての文章をご紹介します

『和以為貴。争わぬことを旨とせよ。人は派閥を作りたがり、一方悟れるものは少なく（中略）しかし、上の者も下の者も、和《なご》み睦《むつ》みてよくよく話し合いをするならば、おのず道は開け、何事も成就するものである』

聖徳太子の時代とは、今ふうに言えば、内戦、一党独裁、天皇暗殺など、極めて不穏な時代であった。外交においてはさらなる危機にあり、朝鮮半島の動乱と、暴君で名高い煬帝《ようだい》が治める大国『隋《ずい》』に怯《おび》え

続ける小国日本であった。『日出ずる処の天子』で始まる密書が、一体どのような過程を経て、対等外交を成就させ、国家存続の危機を救ったのかは、未だ歴史の謎である。

さて、争いを好まないお国柄は、武器の無い文化として知られる縄文時代にまで遡《さかのぼ》る。彼らは強靭《きょうじん》な武器を携えた大陸や朝鮮半島からの渡来人に屈するどころか、言語文化の面ではむしろ優位になって融合させている。確かに日本神話を紐解《ひもと》けば、渡来系の荒ぶる神々は、縄文系の天津神に従い、その系譜に組み込まれている。

武力で即決が渡来系の発想だとすれば、極力争いを避けようとする試みは、現代の日本人の中にも三割ほど保持されているという縄文由来のＤＮＡが、そうさせるのかも知れない。非武装の原住民が、武器を持った侵略者に対して優勢となり、和合する奇跡。究極の平和外交とも言えるその秘策とは、聖徳太子流に言えば、『和を以てよくよく話し合えばおのず道は開ける』ということだろうか。『和以為貴』。その謎を解くためにも和の伝統文化を学び続けたいと私は思う。

ことばの使い方にご留意下さいますように

私達は、何気なく自分が発した一言を聞かれて、高齢者の中には不快な気分を表す人々がいることに留意することが必要かと存じます。

たとえば、話し合っている相手の人に「彼的には！　私的には」など、このことばには違和感を感じます。

次に「〜じゃないですか」、＝相手に同意させている。年長者には失礼な表現となります。また、最近多くの人々が流行《はやり》ことばの如く、「なので〜」ということばを使われますが、その接続の詞は「〜でありますから」「従いまして」等の意味のことばとして使われますが、そのような主語や接続詞を年長者や自分よりも目上の人に対して使いますと、奇妙で失礼な言葉遣いになるということを老婆心ながら申し上げたく存じます。

ＴＶの司会者、出演されるコメンテーター、教育者や、大学・大学院の教授・医者・弁護士のような大層社会的高位の多くの方々が「なので〜」を流行りことばとして話されていますが、やはり調和がとれないことばであると存じます。『ですから：そのようなことで：従いまして』等をご使用なさいますようにご留意下さいますと幸いに存じます。

エッセイ

大きな失敗談　深い反省の言葉を

或る日の講演会場でのこと。講演会とは申しましても、参加者が二〇名ほどの集会と言ったほうが宜しいでしょうか。数年前の出来事でございます。

その会場で筆者が『ことばづかいに関する』テーマのお話をさせて頂いておりました。

さて、三〇分もお話をしていた時のことでした。どういうわけか、その会場には頭の禿《は》げた人が私を含めて三名いました。私も頭のてっぺんが禿げてきたことが大変気になっていた頃の事でした。その数日前のこと、或るTV放送番組で「この禿《は》げ！」と怒鳴りつけ乍ら、自分の秘書兼、運転手だったと思いますが、女性の国会議員がその禿げた秘書の頭を手で幾度もパチンパチンと叩いていた情景が私の頭の中に浮かんできた！

そのとき一番最初に名付けられた茂《しげる》というイタズラ好きであるということが、暗示された私の名前の文字魂が働いて、ふと『それは問題やから、大きく取り上げなはれ！』と頭の中に、想い出させたのであります。

実は、私には母から名付けられた三つの名があります。二つ目の博《ひろし》という何事にも好奇心旺盛な私の文字魂は、私に『何でも気になる事は、周りに気を使い過ぎんと、言うて見なはれ！』と、強く私の心に呼びかけたのであります。

そのすぐ後で、私の三番目の名である隆司という単純ではあるが、合理的な考え方をする今の名前の文字魂が私に働きかけて、『そんなことを言ったら人間関係が破壊されますよ！　絶対だめですよ！

しかし社会的な問題やから、取り上げても大きな問題になることはないかも知れない!!』と私に呼びかけたのであります。

三人の文字魂が、『あんたは果たしてどうするのですか?』と尋ねてくるのでした。【心とことば】についてお話をしているとき、余りにもその（禿げ頭）のことが気になりました。幾度も私の三つの名前の文字魂が働いて、頭の中に話しかけては、『どうするの? 禿げの虐《いじ》め話を言ってみたら?』と浮かんでくるのでした。『そんなことを話したらあかんのが分かっているやろ!』と強く自分に言い聞かせていたのですが、何度も何度も心の中で押し問答をしているうちに、目の前におられる凄《すご》い禿げ頭の聴講者のお二人を見ていて、私の講話の筋道が混乱してきて、可笑しくなってきたのであります。

『思い切って言うてみなはれ!』という文字魂の人格と、『あんた言うたらあかんで、阿保とちやうか! ホンマニ!!』という文字魂の人格が働いて、言い争っていました! 幾度も自制していたのでありますが、禿げ頭を見るたびに、自制心が弱くなりました。とうとう講演内容の筋道が大きく狂ってきて、『エライコトニナッテシマッタナア』と冷や汗が出始めました。とうとう『もうたまらなくなってしまった!!』のでした。それでつい、女性の国会議員の言っていたことを、私が大きな声を張り上げて、ジェスチャーと共に自分の頭をパチンと叩きました。

「『この禿げ』などと言って、頭をたたくようなことをしてはいけませんね! このような乱暴なことばは決して使ってはなりませんね!」と我慢出来ずに申し上げてしまったのであります。

『アッチャ〜!! シマッタ〜!』と思いました。

それを聞かれた『二名の凄い禿げ頭のお方々は、私が昵懇《じっこん》にさせて頂いている先輩であったのに、私のひとことの発言で、どうしようもない恥ずかしい想いをさせてしまったのでございました。『アレ〜！　万事窮ス!!』そのときの罰の悪いことと言ったら、こんなに困ったことは、近年ございませんでした!!　ホントニ！

「私も頭が禿げてきたから、ついこのようなことを申し上げてしまいましたが…。申し訳ございません！」と弁解致しましたが、あとの祭り！　このような大失言をして以来、そのお二人とは、全くお話をすることがなくなったのでございます。

そのときの二人の先輩の苦渋に満ちた、苦笑いのお顔を想い出すと、なんとも申し訳なく思いました。何故、こんなにばかなことを言ったのだ！　と未《いま》だにくやまれるのでございます。ひとことの失敗でもこんなに恥ずかしい失敗はございません』人に恥をかかせるようなことは決して言うてはならんと思ったのですが、ことばの勉強をしている者が取り返しのつかない大失敗をしました。ことばの使い方を誤れば大変なことになることを思い知ったのでございます。

お二人の尊敬している先輩方には、まことに申し訳ございませんでした！　この場を借りて、心から深く反省とお詫びを申し上げます。

コノヨウニ、文字魂《モジタマ》トイウモノハ、人ノ心ヲ支配シテシマウ力ヲ持ッテイルノデアリマス。ノチホド、三ツノ文字魂ニ、『人ニ迷惑ヲカケルヨウナコトヲヨビカケテハイケナイ！』ト文字魂三人ブン、我ガ禿ゲ頭ヲ、三度叩イテ、タイヘン、キビシクシカリツケタ次第デゴザイマス！　トキ、スデニオソシデアリマスガ……。

エッセイ

ことばの使い方にはくれぐれもご慎重に

ある日の夕方のことでした。天皇陛下と皇后陛下がお睦《むつ》まじく、皇居の敷地内を散策なさっておられるお姿をテレビで拝見いたしました。そのとき、お二人の会話の模様がブラウン管から聞こえてきました。天皇陛下が皇后陛下にお声をかけられました。「それで、もうあなたのお足の具合は良くなられましたか、大丈夫ですか?」と。なんというお上品なおことばなんだろうか! と私は思いました。すると皇后さまが「はい! 有難うございます。お陰様でもうすっかりと良くなりました。大変ご心配をおかけいたしまして、申し訳ございませんでした! 本当に、ありがとうございました」と、仰っておられたのですね。

私はお二人の会話を聞きまして、その美しさに、心の底から感動致しました。

ある日のことです。妻が夕食の準備をしていた時に、少し指を切ってしまい、包帯をしていたことがありました。僅《わず》かの怪我で済んで良かったのですが、私はそのとき「その指は如何ですか? 大丈夫ですか? どんな具合ですか? 痛みますか?」と、両陛下がお話をなさっていた様子を思い出して、上品な言葉で妻に言いました。すると、私のことばを聞いた妻は「アンタ! 大丈夫? ホントニ大丈夫カ? 私ガ誰カ分レヘンノ? 弱ッタコトニナッタモンヤナア! ホンマニ!!」ト慌テテ電話ノ受話器ヲ取ロウトシタ! 実ニ血相ヲ変エテ、慌テテイタ妻ノ顔ヲ見テ、アレ~? ドウシタンヤロ? ト驚イタ私ハ、「一体、ドナイシタン?・?・?」ト妻ニ訊《たず》ネタラ、「アンタガ突発的認知症ニナッタンカト思ッテ、救急車ヲ呼ボウト思ッタンヤナイノ! ホンマニ、ビックリサセントイテ! モウ! オドロイタヤナイノ！」ト言ッタ。「エ〜？　ナンデ？　ドウシテヨ？」ト聞クト「私ガ誰カ？　ワカラヘンノカト思ッタンヤナイノ、ホンマニ‼」「ア〜ソウダッタンデスカ？」と私ハ申シマシタ。妻ノ姿ヲ見テ大変驚イタ私モ「驚カセテ、誠ニスミマセンデシタ！」ト妻ニ謝ッタ次第デス。

このことから学べる事は、いくら上品なことばを使うことが良いと言っても、両陛下がお使いになられるような、最高に上品なことばづかいを突然にしますと、私が普段使っていることばとでは、あまりにもかけ離れすぎているので、このような目に合うということを記した次第です。従いましていくら上品なことばを話したくても、始める時はホドホドの上品な言葉遣いから始め、徐々に向上させていくのが宜しいようでございます。私のほうが『ビックリシタヤンカイサ！　ホンマニー‼』

エッセイ

よくある？〝そそっかしさ〟には、ご注意を！

私たちは年と共に勘違いが多くなります。聞き間違い、見間違い、記憶違いなどの勘違《カンチガ》いが多くなりますね。しかし、これから申しあげることは、三〇年近くも前の（私が四十歳を過ぎた頃の）ことだから、そんなに高年齢という年代ではありません。

ある日のこと、親戚《しんせき》の伯母《おば》さんが病院に入院した。聞くところによれば、もはや危篤《きとく》状態であるということであった。それを知った私と姉の和子は病院へお見舞いに行ったのでした。

その病院は家から　車で約三〇分位の距離にある新しく建てられた立派な病院でした。「まるでホテルのようだ！　凄いゴージャスな建物だなあ！」と二人は感心しながらその病院の中に入っていきました。伯母《おば》の部屋の番号は既に聞いて知っていたものですから、私たちは受付を素通りして、エレベーターに乗りました。何階だったかよく覚えておりませんが、とにかく伯母さんの部屋に入ったのです。

そこは、個室で広く清潔なお部屋でした。伯母の顔を見ると、伯母は酸素吸入のマスク（装置）を顔に付けて、眠っているようでした。

姉は「かわいそうに！　伯母さん！　和子ですよ！　分かりますか？　隆司君と来たんよ‼　大丈夫やからね。健康が回復するように、神様に祈っていますからね！」と、伯母の手をとって、手を握りしめて話かけたのですね。

手をさすりながら（姉はクリスチャンですから、人前でも直《す》ぐにことばを発して、人の健康回復を神に祈れるという素晴らしい一面をもっています）話しかけていると、眠っていた伯母がおもむろに眼を開けて、しばらく私達の顔を眺めてから、眼をパチパチと大きく見開いて瞬《まばた》きをし始めました。

私は、近くまで行って顔をよく見ていたのですが『危篤《きとく》になればこんなに顔の形が変わるのかなあ？何を言いたいのだろうか？』と思いながら、それでもその顔を見ると不思議な気がして、何度か見ていました。

伯母は相変わらず、モノを言いたげに、眼をパチパチとさせていました。姉は言いました。「隆司君！伯母さんは感動して、歓喜《かんき》にむせんで、目を大きく開いているんやわ！　モノが言われへんようやけど」と申しました。「そうやなあ?!」と返事をしましたが、そのとき私は『危篤になれば、伯母さんの顔の

骨格まで変形するものなのかなあ?』『ホント! 不思議なことがあるものだ!』と思い、煙草《たばこ》を吸うために(当時、私は煙草が大好きな喫煙者であった)一階の外にある喫煙室まで出かけました。そして、もう一度部屋に入ろうとしたとき、チラッと入口に掛かっている表札の氏名が見えた!! そこには伯母さんの名とは全く違う名前が貼《は》り出されていたのだ!!

『一瞬部屋を間違えたのかな?』と思って、中を覗《のぞ》くと姉がいるのだ! 入った部屋は教えられた番号の部屋だった! 間違ってはいない!

『アレ〜! 一体何が起きたのだろう?』と一瞬訳が分からなかったが、直《す》ぐに気付いた。その瞬間に私の全身に冷や汗が出た!!【頭の中が真っ白になって】『なんということやねん!』と私は姉に、『チョット! チョット! えらいこっちゃ! この人はネ、おばさんとは違うで! 別人やで!!』と言いました。

姉は『うそ〜!!』と大声をあげて、『いや〜、どうしよう〜、ごめんなさい!』と言うや否や、二人は部屋を素っ飛んで出たのだ。私のことばを聞いた伯母さんによく似た人は、今まで以上に眼を白黒させて、私達を見つめていたのだ。眼をぱちぱちとさせていたのは、「一体誰ですか？　あんたたちは？」と、聞きたかったのだ！

酸素マスクが口にくっついていたから喋《しゃべ》れない。だから眼で合図を送っていたのだ！　我々は　エレベーターに飛び乗って一階まで下りるとホッとして、フロントの事務員さんに聞いてみたら、伯母は二〜三日前に自宅に戻ったとのことであった。帰りの車の中で、『それにしても、あの人は伯母さんによく似ていたなあ！』と感心しながら帰って来たのでありますが、自分達のそそっかしさにも、我ながらあきれた。ホントウニ！　そのお伯母さんは、誰が来てくれたのか全く分からないから、『あんたたち？どなたさんかな？』と、聞きたそうであったようにも思えたのでした。

しかし、我々は『あの人は誰もお見舞いに来てくれないから、きっと二人が来たことをとっても喜んでいたんやわ！　それで何か私たちにお礼のことばを言いたかったのに違いないわ！　モノが言えなかったけど！』と恥かしさもどこかへ通り越して、そのような話をしていました。そして、『私たちは善いことをしてきたんやから、それで良かったんやわ！』ということにした。

エエヨウニ、エエヨウニ！　思いながら！　無理やり、エエヨウニ解釈しながら、一件落着させた。

本当に冷や汗をかいたのだ…。

パート・Ⅳ〔宇宙の神秘と真理〕（人類誕生）

人類がこの地球上に誕生してきたことは、まさに、宇宙の神秘の最たるものではないでしょうか。人類がアメーバーのような単細胞の命でも、それを創造するには、膨大《ぼうだい》な知恵・叡智と工夫と忍耐、さらにエネルギーや時間などを要します。しかし、未だに人間の力ではボーフラ一匹をも作ることができません。それを思えば、神様が最高に高等な生物である人類をこの地球上にお創りになることは、どれほどの叡智、創意工夫、エネルギー等が必要なのか、私達には全く想像もつきません。

神様は、空気・水・光やエネルギー・波動等の無数の多くのものを準備されて人類をお創り下さったのでございます。

書記（下巻）には、大変重要なことがらが詳しく記されていますので、その一部分をご参考に記します。（下巻・二九六頁）に記されている文章を現在のことばで詳しく記させて頂きますと、

神さまは、『人類誕生の大本《おおもと》には、神様の願いを顕わせることができるように、人には不可能なことがないほどの高い力と、無限の幸《さいわ》いな恵みを与えているのですから、その力を使い切れるように魂を清めてその力を使い果たすことが人の使命なのですよ』と教えています。

『人一人の力ではできないこと（成し得ないこと）は沢山あるけれども、神の力を賜われば、どんなに不可能なことと思えるような事でも可能となり、実現できるのです。人間には、人生の全てをかけても、大した事が出来ないけれど、神の力、神の助けを頂くことが出来ければ、瞬《またた》く間にあらゆることが実現

できるのです。神の力に頼ることを恥じるのはそれは愚かな気遣いです。だから、人は赤子のような無邪気さで神に頼って縋《すが》れば良ろしいのですよ！』と教えて下さっています。

このことは本当に有難いことです。決して忘れないように日々、感謝の心と愛語を発することが大変重要だと思います。神様は、ご自身の分身として人という生物が完成する為に、人には遺伝子細胞（命の設計図）を始め、心・体・魂などを周到に備えられました。他にも様々な自然の恵み等、人間の知恵や力では絶対に及ばない、無限に高度なお力を駆使《くし》されて必要なものの一切をご準備されました。

特に有難いことで驚嘆《きょうたん》すべきことに、神様はこの宇宙を創られ、人を創られるとき、この世に神の国（天の国・極楽の国）のような理想世界を地球上に創造したいと願われ、その大きな役割を人類に強く願われたことなのであります。そのことは、人類にとって最高に素晴らしい栄誉になります。といたしますと、それには人類が戦争や、いさかいをなくし、平和であることが前提となります。人々が常に助け合い、共に支え合うことの出来る世界でなければ　人類は永久に地球上（宇宙の中）で生存することができません。

また、人は自分にして欲しいことを他人《ひと》にして差し上げられるようになり、自分の思いを聞いて欲しいように、他人《ひと》の思いを聴けるようになること。自分を認めて欲しいように、他人《ひと》を認められるようになる必要があります。それには、人を無視したり、争い合うその素《もと》になる私達の・我欲を浄化していくことが求められます。いかなる他人《ひと》をも愛することができて、初めて平和で繁栄する世の中となっていきます。

言い換えますと、人間は神様の分け御霊としてこの世に生まれてきたのですから、人はそのことを有難く受けとめて、少しでも神様の心に近づいていくその努力を重ねていくことが重要なこととなります。少し難しく感じられるかも知れませんね。しかし、①神の御心：御言葉を素直に受け止める心を養い（＝執着心を薄める努力を重ね）、②慈悲（思いやり）の心と、公正さの実践を心がけて、③感謝の心を深めていくうちに、人は（たとえ、神様にはなれなくても、）神様の心に少しずつ近づく事ができるようになります。そのように受けとめれば難しさが薄れます。

この心を日本から世界へと広げていくことが、日本人に求められている神様の願いであると思います。今、地球の命が存亡の危機に直面していますが、神様は御自身がお創りになった人類の全てが救われて欲しいと強く願われています。ご自身の分身として人を作られたということは、神様に替わって、人がこの世（物質世界）を神の願いに適うような世界として創り上げて欲しい、と願われていることにあるのです。

宇宙の根本の創造主である神様が、宇宙を創造された原初のころ、現在のように〔悪というもの〕は宇宙に存在していなかったそうです。

元々、宇宙には生成進化をして発展する為、均衡を保って、全体が調和して繁栄する為に、陰と陽の二つの働きが必要とされていたのですが、いつの間にか陰なる力がこの宇宙の世界で、宇宙の創造主の働きを妨げて、自分の勢力を拡張しようとの強い意思が芽生え、邪（悪）なる勢力へと変貌してしまったという経緯について、ひふみともこ女史の書記（続神誥記）の中に、記述文がございます。

ここでも、現代の不思議がる神が申されました。

「ヘエ〜!?　ウチュウノハジマリノトキニハ、ナントマア！　ホンマニ！　不思議ナコトガオマシタンヤンナア」

と大いに不思議がられていたのであります。

このことは私達にはもちろん不明のことがらでありますが、その邪なる勢力を打ち消すことが宇宙の正しい進化に必要なこととなります。

それには、人類は、ことば：ことだま：おとたまを発せられる宇宙界においても、非常に尊い存在であるから、その力を発揮して、悪しき勢力を浄めて欲しいと強く願われているのです。

そして、祈りのことば：言霊には、霊界・神界に瞬時に届く力（波動）があり、悪しき勢力を食い止め、減じられる偉大な力が働きますから、神の御心を汲み取って、『人類が祈りの言霊を発揮するように！』と強く願われているわけでございます。

そのようなことが出来るように、心と魂のレベルを高めて欲しいと、求められています。人は神の分身です。神界：霊界に、大変大きな役割が果たせられるのが人類なのです。そう致しますと、人類は神様と共に、宇宙の生成進化発展に大いに貢献できることが理解できてまいります。

神様の願いを少しでも実現できるように努めさせて頂くことが一番大事なことであり、それは大きな恩恵を賜った神様への御恩を人間がお返し出来ることになります。

実は、その時、【人の心が最も安らぎ、和《なご》みます】具体的に、日々の心の支えとすべきこととして、書記では次の三つの心得を教えて下さいました。

その教えを心に銘じて、微力ながら自分自身も一生懸命に努力をしていかねばならないと思います。

①　自分が今、しようとしている事、その心が神様の心に適っているか否か
②　そのことは人類の幸せに役立つか否か
③　それは自分の精進昇華《しょうじんしょうげ》（人間性の向上）に繋がることか否か

この教えを心に留めおいて、自分の周りの人々にもっと目を向けて、多くの人々の幸せと地球の浄化に、できる限りの尽力をさせて頂かねばと思います。

宇宙の神秘　いろは祝詞・ひふみ祝詞の意義

ことばを感謝して正しく使うことにより、宇宙の全てが正常に働き、秩序正しく循環していきます。そのことに気づくことは大変有難いことです。麗しい言葉を使えるということは殊《こと》の外《ほか》大きな慶事（喜び）となることに繋がります（ご参照：神語記三三頁）。

いろは：ひふみ祝詞を無心に奏上する時には、ことばの言霊：最大：最善の波動（霊力）が働き、それが宇宙を浄め、この世の波動を浄め高めます。

その波動は循環してやがて人々の魂をも浄める力が生じます。

このことは宇宙の真理を深く表し、人類を正しく善導するものとなります。次に、筆者が最も表してみたい神秘的な分野のエッセイについて、ここから記していきたく存じます。

〈命・魂・心について〉

私達の生命の根源をなすところのものである霊・霊魂・魂（永遠《えいえん》に全人格《ぜんじんかく》の素《もと》となるもの）について述べてみたく思います。

これらの三つのものは、みな同じもので『元々一つの同じものなり』とされています。続神誥記二八六頁（ひふみともこ記）を参考に考察いたします。

現代語で要約しますと、
人の魂は命の源である。この世に生まれた肉体に、命を与えた力であるとされています。命はこの世で生と死を繰り返すもので、神より与えられたものとあります。
神様から神の光の一部を人の命として分け与えられ、この世で体を持つようになるとされています。ひとり一人に役目を与えられて、それぞれが役目に応じた人生を与えられます。その命は、この世で肉体を動かす力であるとされています。
次に、肉体が滅んでしまうと命は一端無くなり、消えてしまうとされていますが、次元を超えて霊魂として存在することになります。
そして霊魂とは、肉体をなくし、この世をさ迷う間の呼び名であって、それは体を持たない意思のみを残した波動であるとされています。
次に『霊というものはさらに高次元の、この世の次元（三次元）を超えた世界に存在する意思のある波動であり、エネルギーである。それは人を導くものもあり、人にとりつくものもある』と記されています。
しかし、『それは四次元の世界を生きているものであり、まだまだ人に近く、人の世界を見守りながら、導く者もこの世界に存在します。人が生きる世界での現象事象の多くのものは霊によって導かれていますので、人は身近な霊といつも一緒にあるのです』と伝えています。このように、現界で起きるところの死というものはこの世での肉体の終焉《しゅうえん》となりますが、しかし乍ら、あの世では（霊魂：霊）という意思のある波動：エネルギーとして生きるとされています。さらに、『（神が人に与えた）魂が導く命は一端なくなっても、その魂と人の心というものは、あの世でも、霊魂又は霊となって存在《そんざい》しているものである』とされています。神は時間《とき》を超えて存在します（神は絶対世界：人は時間がある相対世界に存在）。
次に、
人は神の分け御霊であることが意味することは、
神の分霊《ぶんれい》（わけみたま）である人の魂と（その魂の高度な次元にある）霊というものは永遠に生き続けるものであるということを示しています。

再び、不思議がる神が現れて申されました。

『頭ノ体操ヲシテハルンデッカ？　余リニモ不思議デオマスガナ！』と申されました。

ここは、神様のご存在される次元（領域）のお話ですから、人間には「頭の体操なの？」と思われるほどの不思議な表現となります。

さて、話題が異なりますが、神誥記にこのような一文があります。


「人間心の独断、専断、必ず禊《みそ》がれ、妨げ多し。先ずは素直に流されて、多くを望まず、目の前の、為《な》すべきことを徴《しる》しと読みて、己の最善、尽くすに如《し》かず。それにて尚も、禊《みそ》がれなば、そこにも神のご意図あれ。あやまち正せよ。よく省《かえり》みよ」


ここでは「人間の心で、独断で決めることには、汚れた思いが混《ま》ざっているモノゴトが多いから、必ず浄められる機会（試練）が訪れる事となります。先ずなすべきことは、自分自身が出合うことには素直に受け止めること、どちらでもよい多くのことを求め過ぎないで、目の前にある、なすべきことを使命であると思い、自分の最善努力を尽すことが一番よいことです」と教えて下さっています。

「それでも尚も、厳しい浄め（試練）があるならば、まだそこには、『もう少し、あなた自身をよく見つめ直して、過ちを正していきなさい』という神様のご意思：願いが現れているのですよ」と受けとめるように教えて下さっているのです。

私はかつて、私の意見を無視して、人が失敗や過ちを犯して、被害を被ったときなどに、その人に「一体何をやっているの！　ホントウニ！　あれだけ言ってあげたのに！　アホヤナア！」と人の立場を思いやらずに、腹を立てて、心の中で厳しく叱責《しっせき》することが幾度もありました。人を労《いた》わる心が足りず、高慢《こうまん》であったのです。うまくいかないのは自分にも反省すべき事があるのを忘れて！　今想い出せば、誠に申し訳なく、恥ずかしくなります！　しかし、そのような経験を積み重ねながら、最近になって分ってきましたことは、これらのことは、その人自身の心がけや行いの問題であるように思いますが、実は、それだけではないということがわかりました。それらのことは実際に【見たり聞いたりする自分自身の心の受け止め方を学ばせて頂く自分の問題である】ということに気がついたのです。

もちろんそれらの問題は、その人々の問題でもありますが、むしろ「自分がどう受け止めて、どのように対応して差し上げることができるか」という問題を、自分にしっかりと教えて下さる機会であったのです。

（思いやりの心と公正な心、その調和をいかにとるか、その人と共に向上する為に！）日常、目の前に生じてくる多くのことがらは、他人《ひと》の問題ではなくて、実は自分自身の心の働かせ方・受け止め方の問題であることを教えて下さる（自分を成長させて下さる）有難い機会であることが分かってまいりました。

気づくことに長い時間がかかりましたが、これは致し方がありませんでした。もっと早く気付かれる方も多いことと思いますが、私は『実感ができるようになるにはほんとうに時間がかかるものだなあ！』と思います。還暦を過ぎ、古希に達して実感するのですから、本当に恥ずかしいことでありますが、自分自身の心が問われる問題であったのです。全て自分の心を向上させて頂く為の出来事なのだと思います。続いて示唆《しさ》に富んだ文章がこのように記されています。「多少の苦労や努力に忍耐、先ずは求めよ己の修行。楽のみ追わば、修行とならず。良薬求めば、苦《にが》さも尊し。楽のみ多かる生ならば、神の恵みも有難からず。光のまぶしさ、明るさは、暗き道のり歩きし者のみ、目に沁《し》み、心に沁《し》みいらん」と、道を正しく歩もうと志す人々に苦労や忍耐をすることの尊さを教えて下さっています。これはとっても大事な教えであります。ところが、よく考えてみれば、私達は、ただ単に苦労や忍耐をするだけの生活ばかりでは、人生に大きな喜びを感じて生きて行けるものではありませんね。私達の心と魂に安らぎや喜びが与えられる生き方が必用となってまいります。

　そのような生き方が私達にはとても大事で、必要なことでありますが。では、どのような人間になれば、自分の心や魂に、喜びや安らぎを感じられるようになるのかということについて、【神から人へ・下巻】ひふみともこ先生著の二五五頁（私が理想として目指しているところで、好んでよく目を通す一文）にはこのようなことが記されています。

心の枯れ野に湧き出《い》ずる、泉の如くに周りを潤《うるお》し、安らぎ与える人なれよ。心に潤《うるお》い、ゆとりをもちて、希望失《な》くさず、自ら輝《かがや》き、人にも恵みを惜《お》しまず与え、周《まわ》りを照らして光を灯《とも》し、何も求めず心静かに、神の心に適《かな》わんと、それのみ祈る人なれよ。

かくなる人間になれるように努めるとき、自ずから安心で慶《よろこ》びの多い人生を送れることになるのではないでしょうか。

直すぐに、このようになれるのは難しくても、ひるまずに、一歩一歩、日々努力して、少しずつでもこのような人間になれることを目指していきたいものだと思います。

神さま・守護神・守護霊について

守護神：守護霊（神様の元・神界・霊界にあってこの世を導き、人を高める為に昇華（人間性の進化：向上）を助け、誘《いざな》う、神様の働きをお手伝いされる方々）の存在につきましては、ぜひともここで述べたいと思います。

実はこれまで、私は神様に助命を願った回数は数えきれません。頭に浮かんでくる事柄は、次のようなことです。

阪神淡路大震災に襲《おそ》われた時に「神様！」と大きな声で縋《すが》りました。父のベッドの横に大きなテレビが天上際から落ちてきましたが、幸いにして父の体にあたらず、無事、助かりました（家は半壊であった…）。

平成十五年のこと。子どもがギランバレーという難病に罹《かか》り、神経が破壊され重体になった時に、神様に助命の歎願を必死になって致しました。

神さまへの祈願を真心こめて、長い間、必死な思いで真剣にしたところ、その難病は、取り組んだイメージヒーリングと病院の先生方の治療とが奏効《そうこう》して、お蔭様で命が救われました。それだけではありません。

平成十六年秋の台風二十三号で河川が氾濫《はんらん》し、大水《おおみず》が流れてきた時の事です。その日の午後、我が家にも大水がひしひしと押し寄せてきました。大きな恐怖感を覚えました。そのとき、咄嗟《とっさ》に私は、伊弉諾の大御神さまの掛け軸の真前で、神宮の方角に向かって、大祓《おおはらえ》の祈りの言葉を大きな声で、真心をこめて　真剣に奏上しました。すると、『まさか、まさか！』という事態に直面致しました！《大祓のことばを奏上し終えるや否や、押し寄せてきた流水が、畳と平行の位置でピタット止まっていたのでした。それを見た私も妻も、次男も大変びっくりいたしました》このような不思議な事を初めて経験致しました。

（ちなみに我が社のハイツには低地の為、浸水が床上九〇センチの位置にまで達していた）窮地に陥《おちい》ったそのつど、いつも「神様！　どうかお護《まも》り下さい！」と私は真剣に祈りのことばを捧げてきました。

まだ他にも数多くありますが、このようにその都度、神様の御加護を賜りまして、助かってきたことを実に有難く存じております。

神さまと共にあるとき、人は有難く思う

神様のご守護の御蔭により、有難いことに、私も家族も皆が無事に生きてくることが出来たのですね。振り返って見れば、「よくもまあ！　こんなにも神様に、厚かましくも助命のお願いをしてきたものだなあ！」と思います。

私自身は幾度も助けて頂いたことを思います時、いくら感謝のことばを申し上げても全く足りないと思います。親しい友人はこの話を聞いて、大きく口を開け！　呆れ顔で【ホンマニ！　アンタハ悪運ガ強イナア!!】と大層に感心をされるのでありますが、

現実に、いろいろと危険な場面で神様に助けて頂いたからこそ、今日の私がこの世に存在しているのでございます。

自分の命が危険極まりなかった時（落雷：車との正面衝突：小舟の転覆しかけた時：乱気流で飛行機が落下しかけた事等に）一度でも御守護がなければ私は今、このような書物を書いている筈がないのです。

神様が、恐らく『ホンマニ！　シャナイナア！』と思われ

乍らも、『助ケテヤルカラ、少シハ世ノ為、人ノ為ニ役立テルヨウニ、アンタハ今後、努メテイキナハレヤ！』との期待を込めて助けて下さったのではないかと思います。

神さまには、感謝の心をお届けすることが肝要であって、頼《たの》みごとは不相応な願いをする人が多すぎるから、神様はお困りになられることが多いと伺っているのですが、私自身もこのように、ご無理を願ってきたわりには果たして、今現在、神さまの期待に応《こた》えられるような生き方が出来ているかどうかが、自分には分かりにくいのでございます。

今頃（高年齢）になってよく思うことでありますが、神さまへの祈願については、私が幼い頃、体が虚弱でしたから、高熱が出たり、腸を患って療養が必要だった時に、いつも私の傍で母が神さまに、助命祈願、歎願のお祈りをしていてくれたことを自然に想い起されるのでございます。

私を抱きかかえて、医者に駆けつけてくれたことも幾たびかありました。そのときの母の真剣な姿を想い起すときには、『本当に有難う！』の感謝以外のことばがありません。母の子を想う心とはホントウニ、神の御守護の如く有難いものでございますね。

ところで、私は最近、次のようなことについて、よく思索《しさく》にふけります。

〔私たちは、屋内から車の通る道路に出ようとして、ふと、一歩の歩みを無意識で止めることがあります。〕その瞬間!!　目の前を、猛スピードの車が自分の体の真横を通り過ぎていくというような場面に出会うことがあります。

奇跡的に助かったときに、一瞬『ウワ〜！　ナンチュウ（何という）アブナイ車ヤネン!!　ホンマニ！』と思うことがあります。

また、自分も、家族もが大病を経験したときに、奇跡的に助かったといったようなことが、長い人生の間には、度々《たびたび》ありますが、その都度いずれも、守護神：守護霊さまに守られていることを私たちは気づいていないのであります。

それは分かり辛《づら》いことですから仕方がないのですが、現実に私たちは、常にそのような大きな御守護を守護神霊の方々から頂いているのです。そういう意味からも、「これからの時代は、私たちは神さまと、霊《れい》（たましい）の存在を真正面から受け止めて、しっかりと認識する必要があります。その方々から日々極めて大きなご守護を頂いていることに気付き、心から感謝の気持ちを表していくことがとても大切なことである！」と思います。

ここで感謝の気持ちに関連しまして、私自身が参考になりました聖書のことばを記します。

新約聖書：テサロニケへの第一の手紙　第五章一二～二二節

『兄弟たちよ、わたしたちはお願いする。どうか、あなたがたの間で労《ろう》し、主に有ってあなたがたを指導し、かつ訓戒《くんかい》している人々を重んじ、彼らの働きを思って、特に愛し、敬いなさい。互いに平和に過ごしなさい。

兄弟たちよ。あなたがたにお勧めする。怠惰《たいだ》なものを戒《いまし》め、小心なものを励まし、弱いものを助け、全ての人に対して寛容でありなさい。誰も悪をもって悪に報いないように心がけ、お互いに、またみんなに対して、いつも善を追い求めなさい。

いつも喜んでいなさい。絶えず祈りなさい。全てのことについて感謝しなさい。これがキリスト・イエスにあって、神があなたがたに求めておられることである。御霊を消してはいけない。予言を軽んじてはならない。

全てのものを識別して、良いものを守り、あらゆる種類の悪から遠ざかりなさい。』


さて、一度、見つめてみたいことがあります。それは次に記すことです。

神さまということばについては一般的によく認識されています。

その存在の是非の如何《いかん》に関わらず、世界中の人々によく知られていることばです。

昨年末（令和四年）に、古事記の上巻を記したときに、私は神さまや霊《れい》と魂《たましい》ということばにつきまして、その文章の中に、この宇宙間の自然な存在として記述を重ねてきました。

ところが、ここまで記して、気が付いたことでありますが、『果たして霊とか魂ということばを御覧になられ、本書をお読み下さいました皆様には一体、その言葉について、どのように受けとめられたのであろうか？　と想いました。そのことが私にはよく分からないことが大層もどかしく思われました。

最も肝心《かんじん》なことについて、そのご感想を、一度もお尋ねすることもなく、お読みになられる皆様とのお話が少しも出来ませず、ご確認もできませずに、そのままであります事を実に淋《さび》しく感じますとともに、誠に申し訳のないことであると存じています』

さて、そのことを心に留めて、宇宙の神秘に関する最も重要な領域を学んでまいります。

神・霊・魂が存在することと宇宙の真理

一般的に、ここは、希少《きしょう》（非常に数が少なく、マレナコト）な特色ある分野で、また、多くの皆さまが深い関心を抱かれているテーマであるとも思います。これまで予言者・諸聖人・世界の識者は皆、いち早く神・霊・魂の存在をはっきりと確信され、そのお心を伝承されてこられました。数千年～数万年に渡って多くの人々はその存在を認め、尊崇《そんすう》されてきましたが、他方、目には見ることができませんから、よく分からない人々も沢山おられたというのも歴史的な事実です。その存在を科学的に立証することも、理論で説明することも、かなり困難な一面があるからです。

しかし、私は、神さま・霊・魂の存在について、それは確実に存在すると申しあげます。と申しますのは、もしもこの宇宙の中に、宇宙を生成し、循環させるその意思と力がなければ、この世の宇宙間の一切のものが一点の狂いなく、かくも秩序正しく美しく、雄大・緻密に、精確に成り立たないし、宇宙は均衡のとれた運行（決まった道にそって進行）をしない筈です！

進化や生成化育も退化滅亡等の循環の摂理もあり得ません。

果たして　宇宙を作ったのは誰なのでしょうか？　人間の力ではとても宇宙を創造することはできません。すると一体どなたがお創《つく》つくりになられたのでしょうか？　ここで、筆者が記述致しますことがらは、大変、深遠な未知の分野となります。ご拝読・ご感得賜りますと幸いに存じます。

『もしも大自然そのものが創《つく》り上げたとするならば、その創り上げた大自然の意思を私たちは神のご意思（叡智）とその働きを、神のお力によるものと認めざるを得ないのです」と申しますのは、この大宇宙には間違いなく、偉大なるお方のご意思（祈り・願い）が働いているからです。

もしも、その存在がなければ宇宙は混沌《こんとん》とした、暗黒の何もない広大無辺《こうだいむへん》（限りなく広くて大きい）の世界の筈です。

つまり宇宙には、真理も仕組みも・光も法則も意思も力も何も存在しない筈ですね。宇宙の真理：真実が明らかになるのは、その偉大なるお方が存在されるからでありますが、そのお方を『神』と私達はお呼びいたします。神の存在があって、神のご意思（叡智《えいち》）の元に、完璧（完全無欠）な真理が定められ、法則も定められた』ものと理解致しております。

さて、人間は怪我や病気をしたとき、重症の怪我や病気は医者に掛かり、手当てを受けねばなりません。軽微な怪我や軽い風邪などのときには消毒をして包帯をする・睡眠・栄養と休養を取ることによって自然に治ることが多いのでありますが、それは、自然の力による治癒力、即ち〔人間の遺伝子細胞が瞬時に、適切に対応し、回復させる仕組み〕というものを【神さまが】元々人間に備えてくれているその働き：力によって治るのです）淡路にも、私の従弟《いとこ》と同級生に優れた医者がいます。名医は皆そのことをよくご存知です。宇宙にはそのような【意思＋仕組み＋力】＝神さまの働きがあります。そのことによって神様の存在することが私達にもよく理解できてまいります。

『（宇宙循環の原理に基き）進化をするという宇宙の意思がなければ進化がありえない筈です（それが神のご意思となります）。

（現在、宇宙は進化をし続けていますが、進化論そのもの自体が進化をするという意思と力が働いているので宇宙は進化をしているのです）ここは最も重要な所です。

今後人類はこの領域を深く学ぶことが必要です。この分野は非常に人の心と魂を惹《ひ》きつける領域です。それは大層楽しみな学びであり、神秘的で魅力的《ワクワクスル》なところですから、世界中の大学でやがて、学科が積極的に取り上げられ、学部も創設されるようになっていくことでしょう。

宗教と学問の融合《ゆうごう》が進み、人類と世界の進歩に大きく貢献することと思います。なぜなら、世界中のサイレントマジョリティー（大多数の声なき声＝人類の魂）が、各人（自分自身）には気付かなくても学習の機会を欲して（内面から昇華《しょうげ》（心・魂の進化向上すること）を求めて）いて、沸々《ふつふつ》とそれを願い求めているからなのです。

神学部などと同じように、宇宙学の一環として（スピリチュアリティ〈魂：霊〉の専科＝例えば神霊学部を設置する場合に（霊科《レイカ》・言霊科《コトタマ》・音霊科《オトタマ》）などの学科を新設することが求められることでしょう。さらに今後《心とことばと文字》を専門に研究する大学が設置されて、人々が学習や相互研修が出来ることは世界的な時流の先取りになります。同時にそれは、人類的ニーズ（その要請）に応えることになります。

日本のいずれかの大学で文字と言葉とスピリチュアル専科において先鞭《せんべん》をつけられることが待ち望まれています。

【学問の基礎的な分野として、先ず、ことば学と文字学を、位置づけられる事が求められています】精神科学：社会学：人類学：神学等の領域にも深く関連する学科として非常に重要な基盤《きばん》となります。

（皆様には　筆者は風変わりなことを考える人間だと思われるでしょうね？　ところが、ごく普通の人間なのです）

さて、神様のお働きはそれとなく分かるように思いますが、それでは神さまを始め、霊や魂はなぜ存在しているのでしょうか？　また、どのような役割をお持ちなのでしょうか？　実はそのことがひふみともこ先生の神誥記という書物に記されています。神誥記の一九頁（神様）と、二〇三頁（四方の神）等、他の箇所にも随所に記されていますので、神誥記の本文をお読み下さいますと、ご理解頂き易く存じます。

人間の心と魂が浄まり高まるとき、宇宙の真理と一体になる

私達の心と魂が、さらに進化をして無となり、空となり、神様、即ち宇宙の真理と一体《いったい》となる時、いかに強大《きょうだい》な力が生じることでしょうか!!

どれほど大きな力が生じてくることか、それは人間の知力・想像力・判断力で表現できるものではありません。

神さまの力が働いて（例：釈迦《しゃか》・キリスト・聖徳太子《しょうとくたいし》・空海《くうかい》など諸聖人の事績《じせき》）私たちの想像を絶する偉大な現象・事象《じしょう》が生じます。自然界にも、人間の世界にも、健康・家庭・人間関係を始め諸々《もろもろ》のことがらの上に顕れます。

さらに、それは五感には感じられないもので、一般的には（理論や理屈では）分かり得ないこと、分かり得ないもののようです。

恐らくそれは、澄《す》みきった魂を持つ人の感性にのみ、感じることが出来るものなのでしょう。

そのとき始めて神のことば・思い・ご意思を気づかされ、理解もできてくるように思います。近年、神さまの啓示《けいじ》を直接受けられる人々が増えてきているようですが、それは、そのような澄んだ魂の持ち主が増えているということを意味しているのであります。

またそのことは、神様が地球の危機と人類の救済を強く願われているから、今、緊急に必要とされているようです。

さて、人類の根深い我欲とそれに基づく戦争や環境汚染・資源の浪費《ろうひ》等により、諸々《もろもろ》の自然災害の発生（超巨大な、地震・台風・竜巻・洪水・水害・火災・隕石《いんせき》落下・火山の爆発：気温の上昇）などの気候の大変動や、大気の汚染：疫病の蔓延などを注視《ちゅうし》するとき、今地球の命はこのまま無事に永続《えいぞく》できるかどうかの瀬戸際《せとぎわ》に立たされています。

地球自身が大きな悲鳴《ひめい》をあげています。人類の生存が危ぶまれ、待ったなしの時期（地球浄化《じょうか》の時期）を迎《むか》えているように感じるのは私一人ではないと思います。このような状況の中でも、

神さまは、この地球という美しい星と、神の御子である人類をなんとしても救いたいと願っておられ

ます。しかし、それは人類の手によってなされるべきことであるとされ、神さまは多くの人々へ、『それは一人一人の人類の肩に懸《かか》っているのですよ！』とお知らせ下さっているのでございます。

神さまのお力で救うことは、それは、宇宙の真理に逆行《ぎゃっこう》することになります。何故なら、そのような状況にしてしまったのは神様ではありません。

地上では、余りにも堕落が進み、欲望が渦巻く世界になってしまったその原因を作った人類に代わって、神さまがそういったことをなさる筈はずがありません。

また、もしも神様に縋《す》がれば、神さまが人間の願いを全て叶《かな》えて下さるようになりますと、人類は自ら努力も精進もしなくなり、堕落した生活に陥っていくこととなり、やがて退化《たいか》してしまうことになりますから、そのようなことを神さまはお認めになることはないのでございます。

（神さまがこの世を作り、この地球を作り、人類を作ったことは何も意味をなさなくなるからでしょう！）

神さまは、全ての生き物が進化向上していくことを望んでおられます。その原因を作った人類が、結果を良くしていくべきことであるから、あくまでも人々の弛《たゆ》みない精進努力にかかっているという事を気付かせたく思われているのでしょう。

神さまは様々な法則でもって、汚染《おせん》された大気や土壌や水などの自然の恵み（資源）を枯渇《こかつ》させないように、壊滅《かいめつ》させないように天地の仕組みをフルに発揮《はっき》して下さっていますが、もう限界《げんかい》を超《こ》えてしまって、どうにもならない状況になっていることを教えて下さいます。

しかし、それでも人類は一部の人を除いて　まだ気が付かないでいるのですね。家（この地球）が火事になって炎《ほのお》に囲まれているのに、子どもたち（人類）は皆、家の中でお金儲けと、遊びに夢中になっている。中から鍵《かぎ》をかけて、スポーツや趣味や享楽《きょうらく》に夢中になっている！

今日の人類がそのような有様でいることを、大変悲痛《ひつう》な思いで神様が知らせて下さっているのです。

ここで、古典（古事記）の中にある物語についても、古代人の思いや、お伝えをしたかったことについて、次のように記されている一文をご紹介させて頂きます。

『神から人へ　下巻』ひふみともこ著　二九四頁

神は見放し、匙《さじ》を投げ、見捨てて見えども（見捨てたように見えるが）、さにあらず（そうではありません）。心の奥には、決断を鈍《にぶ》らす迷い、苦悩あり。神の心の深奥《しんのう》（心の奥底）を、覗《のぞ》いて見よや、懊悩《おうのう》を。人を救えぬ悲しみは、怒りとなりて、火の如し。

燃える草原、剣で祓《はら》い、浄めし後に、神は舞う。神世の神話、作り事。さも賢《さか》しらに、嗤《わら》わん（あざけりわらう）者よ。話の底には真実あり。真実真理はことばの裏に、ことばの奥こそ秘められたるを。そを（その意味を）読み解けよ。心のことばで。言霊解《かい》せよ。魂で。

古代人らの労苦を量《はか》れよ。後の今世、現世のために、ことばに託して伝える意味を、心で推《お》せよ、慮《おもんぱか》れよ。古代の、人の伝えたき事、残したきことの一つ一つを、自ら明かして解いてみよ（明らかにして正しく答えなさい）。古代に伝わる神話民話の、故郷《ふるさと》に問え、真《まこと》の意味を。思いも深く、厚き願いの、こもれる話の奥底に、脈々《みゃくみゃく》と打つ魂感じよ。

昔の神々忘れられ、打ち捨てられし神々の、思いを顕す民話伝承。自ずと今に語りかけん。今の狂いし世相《せそう》、趨勢《すうせい》（いきおい・なりゆき）、楔《くさび》を打ちて（力ずくで割り込んで）、勢いとめよ。腐れる根には、腐れる果実が、さらに広げん、腐敗悪臭《ふはいあくしゅう》。

今のこの世の根本を正して、立て替え直さんと、思いも高く、集える者よ。

神に近づく方途《ほうと》を授けん。ただ徒《いたずら》に、働くになく、心を高める修練を、体を鍛える鍛練《たんれん》を、自ら求めてさらに高まれ。その後、心に余裕のあらば、人の為にと行えよ。

今なすべきは己の錬成《れんせい》。一夜の嵐に飛ばされて、息絶《いきた》え果てなば、朽《く》ちて甲斐《かい》（効験・ききめ・しるし）なし。

神さまは元々美しかった地球が、今日では汚《よご》れきった地球となっている無残な有様をご覧になられて、この地球を宇宙の進化に合せて存続させていくには（宇宙の次元の上昇に即していく上で）大自然の力によって、一旦《いったん》浄め直す必要があるということをお考えになられたようです。

いわゆる大立替《おおたてかえ》（地球上の全部を浄める為に、神様が大自然の仕組みを働かせること）を迎えるということでありますが、このままではやがてその時期を迎えることになるでしょう。既にその時期に入ったとも多くの識者は指摘されていますが、神さまはそのとき、人類の努力で最小の禊《みそぎ》（大浄化を小さな浄化＝人類の大半が助かる禊ぎという意味）となるように精進・努力をして欲しいと、強く求められています。

そして多くの人々の魂が救われ、助かって欲しいと私達に強く願われています。何故なら、神様は最もご自身が愛情を注がれ、あらゆるお力の限りを尽くされて、悠久《ゆうきゅう》の年月を経て、神様の分身として人類を創りあげてこられたのですから。

神様の御心は、恐らく人々が神の心に適うように生きて欲しい、分け御魂《みたま》であり、我が子達である人類がなんとか自力で地球の命と人類自身を守り、永久に存続して欲しいと、懊悩煩悶《おうのうはんもん》を繰り返されながら、強く深く願われていることと思います。

世の中に、善と悪があるのは？　幸と不幸があるのは？

何故、平和と戦争（争い）などが対極になって存在しているのでしょうか？　私はこれまで大変気になっていたことですが、次の文を読んで疑問が氷解《ひょうかい》いたしました。

ひふみともこ記（神様にお尋ねされたことへの、神様からの神示）「神誥記」の一六〇頁に、善と悪について重要なことが記されています。少し長文となりますが、原文で記します。

悪には悪の働きあれば、悪のなからば善もなし。善のみならば、いかにして、悪の働きを知らん。なれど悪との闘いあらば、人は善の有り難さ知り、悪をなくさん、滅ぼさんと、己の修練、鍛錬《たんれん》積みて、己を磨くことも能《あた》わん。

悪なく、我なく、罪なくば、人には修行も必要なからん。なれど、さにてはこの世も要らぬ。ただ平《へい》穏《おん》と安らぎのみの、静かで穏やか、平らかなるらん。

人の願いも容易に叶い、満たさるらめど（満たされることがあっても）さにあらず。人は進歩を、変化を求めて必ず悪や、秩序を壊す、行い始まり、乱れゆきなん。

神の始めの願いとは、悪との闘いなくすにあらず。悪と闘い、悪を知り、悪を憎みて、善を尊ぶ、表と裏とを読み取る力。

善の尊さ、難しさ知り、さにても、尚かつ、善を求めて、一人一人が努力を重ね、困難苦難を乗り越えて、人との平和を保たんとする。それこそ真の価値ある平和。豊かに進歩し、変化を続ける、神の願いの世ならずや（世の中なのである）。

人に善のみ、和のみにあらば、人は迷わず、苦しみもせず、ただ平凡に生を終え、生きても死にても、何も生まれず、何も作らず、進歩もなからん。人はさらなる向上目指し、さらなる昇華《しょうげ》を求めるべけれ。

何の障害、妨害なくば、努力もせずに留《とど》まりて、日々の安穏貪《あんのんむさぼ》るのみなり。人の貴重な生涯を、さらに輝き磨かすためには、幾多の苦難も必要なるらん。

己の能力全てをかけて、己の限界定めずに、諦《あきら》めるなく、ただ営々と、なれど無欲に　無心に歩む、愚かな努力を神は愛《め》づ（愛する）。愚直に、誠意の溢《あふ》るる行い。善も悪も区別なし。なれど善には善のみの、働き、輝き、尊さのあり。人の幸せ繁栄祈りて、己の犠牲を捧げて行う。それこそ善なれ、悪にはあらず。

悪とは人を害するにあらず。人の幸せ犠牲にしても、己の利得を得んとすること。神への感謝を忘れ果て、己の執着、迷妄に迷いて失う神のみ光。（中略）

悪にも悪の意味あらばこそ、人の全てが悪人ならずや。驕《おご》るなかれよ、己《おのれ》一人は、罪人《つみびと》ならずとあやまつなかれ。己の正義は人には悪なり。

（このような非常に意味深く重要な事柄：宇宙の真理が記されています。ご一読をお勧めいたします）

厳しい試練は何の為に？

ここからは、自分自身がこれまで体験した苦難について、そして今までの人生上で、自分が心の中でいろいろと悩んだり、煩悶《はんもん》してきたことを想い出すと、まことに至らぬ、恥ずかしいことでありますが、勇気を出して記します。

自分自身が非常に苦しんでいた時のことでした。

嫌なことを私に無理強いしてくる人々や、無思慮に、厳しい態度をもって接してくる人々がいました。

彼らは私の事情をよく知っている筈なのに、私の苦しい気持ちを察することが出来ないことに、自分は心の中でその人達に大変腹立たしい思いを味わったものでした。

ところが数年後のことです。その人々が私と同じような場面に出合って、大変困っていたのですね。その時に私の心の中に浮かんだ思いは、「それ見たことか！ 自分達も同じ苦しみを感じたらよいのだ！」というように、私は憤慨《ふんがい》心が強くて、その人たちの苦しみを心から同情しにくい、情けない心が働く人間であった。嬉しい事や有難い事は直《す》ぐに忘れるのに、辛く、ひどい目に合わされたときの苦しさ、憤慨心や恨《うら》み心などというものは、なかなか忘れられないものでした。

いつまでも覚えていることに　私は自分の心の醜《みにく》さをときどき、恥ずかしく思うことがあります。

また、これは、かなり以前のことです。怒りを忘れられない自分自身のことを神さまに深くお詫びを致しました。他人を責める心から解放されて、なんとか他人に思いやりの心をかけられるようにと至誠を捧げ、併せてその方々の幸せ祈願を長期間、努力を重ねて続けてまいりました。ある日のことでした。「神さまはその人の姿になって私の前に現れて、『あなたは少しでも慈悲の心でその人に接することが出来ますか？』と、問いかけて下さっているのですよ」という教えに出合いました。

人生上で出会う苦しみや困難は常に神様が人間に、心の禊ぎ（試練）として、その人自身を向上させる為に与えて下さる有難いことなのだと教えられますが、私の場合はその人達のことを、腹が立つことがあっても、なかなか感謝すべきこととは思えなかった。

このようなことがあっても、人生とはそのようなものなんだと思えるように受け止めて、記憶の中から消し去れば良いのだと思うように努力をしてみたのですが、正直に申しますと、恥ずかしながら、自分に対して卑怯なことをした人々のことを想い出すとき、腹の立つ、情けない精神レベルに陥ることがあります。加えてこの場を借りて正直に申しますと、私自身の心は、いつも澄《す》み切った、清らかな心で居るわけではありません。包み隠さずに申し上げますと、私は、好ましくない事があれば、人のことを良く思えない事がショッチュウあります。他にも多くの煩悩に苦しめられ、度々《たびたび》、現状に満足できない汚れた心が出てくる恥ずかしい想いをする人間です。

（ある倫理学者は『自分が、世の為人の為に尽し、善行を行なったのに他人から反発や誹謗・中傷を受けた場合、寛大な心となり、自己反省して、その人を恩人と思えて、その人の幸せを祈れるようになれば、それが神の心に適い、必ず人間性が高まる』と教えています）

そこで、自分もそのような心になれるように、努力してきたつもりなのですが、十分にできていなかったのでしょう！ なかなかその心になりきれなかった。又、振り返って見つめてみると、自分の出来なかったことを子どもに求めてみたり、人にも多くを求めやすいところがある自分自身を大変恥ずかしく思います。今まで記してきたような高尚《こうしょう》な心がけでいつも居たというのではありません（恥ずかしながら、タマにできることもあるというのが真実の姿です）。

父のような謙虚さ、大らかさ、素直な感謝の心が不足しています。反省することしきりです。ところが、このような人間でも、今までの人生上では、有難いことに、自分はどんな事にも護られてきました。ですから、腹を立てやすい自分でありますが、人の苦しみを心から共に苦しみ、また人の喜びを心から共に喜べるようなことばを発することができるように、心の豊かな人間になりたいと、毎日私は神さまに祈りを捧げています。ただ、どれほど不充分であっても諦めずに、ほんの少しずつですが、努力を続けられるようになってきた事をうれしく思います。

そして、日々、明朗清新を心がけて　出来る限り自他共に幸せに繋がるように、この世のお役に立てられるように、自分に残された人生の一日一日を大切に（誠の心をふるい起こして）生きることを忘れないというように神様にお誓いを致しております。ところが（忘れてしまい、日々、本当に失敗することが多いというのが現実であり、真実でございます）。皆様には一体ナンチュウ人間なんだと思われるでしょうね！　そのような人間でありますが、それでも、懸命に自分の心を浄め、少しでも向上できるように努めています。そこで具体的な目標を一つだけ定めました。それは、人から侮辱をされたり、厳しい言葉で注意をされたりしましても『人に大きく腹を立てて、大声を出して怒らない』ということです。腹が立った時には直ぐに気づいて、腹立ちがストレートに表れないように、努めることであります。つまり、心の受け止め方を瞬時に感謝の心に切り変えて、ことばの発し方をユーモラスに変換する事に取り組んでいる次第です（ところが、それも全くできないときがあります。ホンマニに我の強い人間なんやね?!）。

　どうしても気づかない人には、『やがて、あなたも高齢になると、辛い目に合いますから、今から言葉遣いを優しくしておいた方が宜しいですよ！』と申し上げることがあります。すると気付かれる人が多いようです。私が失敗するのは、疲れ果てた時と、眠くて頭が朦朧《もうろう》としている時が多いことが判りました。かつて、ある人から大変有意義なお話を聴きました。

　それは『いつも謙虚さを忘れず、人生で、同じ苦労や努力をするのなら、価値のある又、意義のある苦労や努力をしなさいよ！』と教えて頂きましたが、私は素直さと謙虚さが乏しいのかな？　と思い、その心を養わねばと感じることが幾度もあります。素直さと、謙虚さと、感謝の思いを深めて、余生を少しでも御恩に報いることができれば有難く思います。

それから、いろいろと学び乍ら、気付いたことですが、大変有難く光栄なことに、人は・神さまの分霊《ワケミタマ》と言われます。その意味することは、神さまの霊は、光輝《ひかりかがや》くもの（純粋に清らかで至高の愛が溢れるもの）ですから、人が生まれてきた時に、授かったその魂（霊と同じで、現世での呼称）も清らかな光輝く神聖な尊いものであります。ところが、人がこの世で人生を歩んでいくとき、自己中心的な生き方をすることによって次第に、魂に汚れの深まる人が多くなるとされています。この世を去る時には再び浄らかな輝くもの（魂）としておく必要があるのではないかと思います。

（人の世界でも新品で借りた物を御返しする時は新品の物をお返しすることが礼儀であるように…）

京セラとＫＤＤＩの会長である稲盛和夫さんは、その著『生き方――人間として一番大切なこと』の中で「私達人間が生きている意味、人生の目的はどこにあるのでしょうか。最も根源的ともいえるその問いかけに、私はやはり真正面から、それは心を高めること、魂を磨くことにあると答えたいのです。ですから『この世に何をしに来たのか』と問われたら、私は迷いもてらいもなく、生まれた時より少しでもましな人間になる、すなわち、わずかなりとも美しく崇高な魂をもって死んでいくためだと答えます」とこのように述べています。素晴らしい考え方であると思います。神語記三四二頁には「死して帰らん（帰ることになる）世界には、物質金銭役にも立たず。なれば御霊《みたま》を浄めん（浄める）ことをば、先ずは第一、優先させよ。これに関連して『心、魂を浄めるは神に感謝に如《し》くはなし（感謝することに及ぶもの：匹敵するものはないという意味）と『神から人へ（上巻）三一五頁』に記されています。

？不思議に思うこと？

淡路島は、橋桁《はしげた》なの？

　万一、大震災や巨大風水害・人為的な爆発等が発生し、大異変が淡路島大橋の近辺で生じた時、淡路に掛かっている大橋が破損されてしまい、車は通行不能となります。それが長期に及ぶ時、フェリーボートも旅客船もない淡路島では人と全ての物資の輸送が不可能となり、淡路島は孤立し、島内に住む十四万人は生活が成り立たなくなります。この対策は急務ですが、何故か？　ほとんどなされていないようです。全くのんきです!!

　次に、平成十年に明石海峡に世界最長の大橋が架かり、本土‥四国方面には交通が便利となりましたが、私にはとても理解でき難いことがあります。

　それは、本州からも四国からも一日に数えきれないほど沢山《たくさん》のバスが本四海峡を通行し、淡路島を通過しています。ところが、淡路の人々がバスに乗って高松・松山・高知方面に行きたくても淡路のどこからも乗るバスが無いのです（徳島行きはある）。同様に、京都、名古屋、東京方面に行きたくても、淡路の人々は島内から乗ることが出来るバスがありません。

　ある日、四国の（高知と松山の）友人から苦情を言われました。

「洲本に行くのは不便だねえ！　せっかく世界に誇る大橋が掛かったのに、高知・松山から淡路に降りることができるバスは無いのですか？

岡山回りで新幹線に乗って行くのがよいのでしょうか？（筆者も実際に新神戸駅か西明石駅まで出向き、新幹線と南風号や潮風号で行き来しています）

十四万人もの多くの人々が暮らしていると聞きましたが誰も苦情を申されませんか？　不思議ですね！　何の為に橋を架けたの？」

と尋たずねられました。つまり、四国から大阪・京都・名古屋・東京方面に行くバスは全て淡路を通過するだけで全ての乗客（淡路の人を含む）は淡路で乗り降りすることが出来ないのです。同じく、東京・名古屋・京都方面から四国へ行くバスも淡路で全ての人が乗降できません。何故このような理不尽なことになったのでしょうか？　沢山のバスが通行しているのに（淡路には神戸往復と・一日ごく僅かの大阪・徳島往復のバス便のみ）。

（車が運転できない高齢者が増えてくるとき）そして（団塊の世代が高齢化すると、バスの利用が今後益々増えていきます。関東・中部・近畿圏・四国からも来島者が増大すれば、諸策を実施すれば、観光・商業を始め各産業が潤い、淡路が今より活性化することがはっきりと目に見えているのですが、目下パーキングで用を足す場所のみになっている。

妻は実家がある長尾町（高松の近くの現さぬき市）で養生する高齢の母を見舞いに行く時、一旦、徳島で　バスを乗り替えねばなりませんが、乗換場所までは坂道で距離があり、沢山荷物を持っている時や荒天の時は乗り換えに難儀を致しました。妻は長年不便を忍んで香川県長尾町に通いましたが、優しい母は昨年天寿を全う致しました。

淡路の人は体制に逆らっても仕方がないと辛抱をしているのです（ほんとに理不尽な事ですが、十四万の島民はバス会社間のカルテルに苦しんでいる！）。

各首長や国会議員や各議員も行政も公団もバス会社も島民の代表も路線運行を決める時に、淡路で乗降する本州：四国の人々の為と遠隔地に向かう十五万島民（路線運行計画当時の推定人口）の為に、何故、島内でのバス・ストップに必要な諸策を講じなかったのでしょうか？

日本の多くの人々に不便（不利益）をもたらした原因がここにあります。

島外（東京や松山：高知方面）の遠隔地からも多くの人々は淡路で乗降したいと思っていますし、島民も乗り換えなしで四国と、本土・東京方面などの遠隔地へ、バス（直通便）で行きたい人が多いにも関わらず、当時、路線運行の決定に関係した偉い人達は一体、何をしていたのでしょうか？

（何故、人々（国民）の便益を考えずに、バス会社間の利益だけを考えたのでしょうか？　島内で乗降できる幾つかのバスストップを提供すれば良いだけのことで、その為に要する費用も（バス乗降の場所や時刻表示以外）全く不要な筈なのに！

現在、日本の多くの（淡路で乗降する）人々にとって格別不便極まりない路線運行となっています。どうしてこのような　住民（利用者）軽視の運行計画を国も認可したのでしょうか？　全く理解に苦しみます!!）

十四万島民はいつも、明石・鳴門海峡大橋と島内の高速道路を車で通る時に高額の通行料を支払っているにも関わらず、バスで遠方に行けない島民には全く公正さが感じられません。島民への負担が甚《はなは》だしいものなっています。

ともかく、市会議員や市長さん達を始め多くの人々にもその必要性を訴えてきましたが！　その訴える内容が如何に島民の為になっても、全国の人々の為であっても、必要なことが全然理解できないのか？全く改善されないのが現状です！　行政も煩わしいことには関わりたくないようですね！　心から残念に思います！

淡路島内でたとえ一〜二箇所、一日に数便程度でも右に記した長距離バスに乗降できるようになれば大変有難いことです。

サービスの向上に四国の高徳バスはお客様を獲得する為、値下げをしたという。凄《すご》い事ですね（淡路の洲本バスセンターでは、切符の発売も朝遅くから夕方早くまでしか営業をしていません）。

各市も県も国も、もっとしっかりと、お取り組みをなさってください。この有様では、淡路が誇る幕末の英雄『高田屋嘉兵衛翁』もきっと泉下で嘆かれていることでしょう！

淡路では権威に逆らうのは良くないという封建時代からの意識がいまだに残っています、元々島内の人々は素直で温和・従順・協調的な性格で、妬みや嫉妬を恐れ、目立つことを嫌い、控えめにする人が多いのです。しかし、島国特有の排他的な一面と、縄張り意識も存在するので、島内の優秀な人々は人間関係上、孤立化することを嫌い、自分の能力を最大限に発揮したい人は島内よりも島外でその場を求め、大きく活躍する人々が多いようです。

（阿久悠さん（故人）、大地真央さん、ドラゴンクエスト・ゲームデザイナーの堀井雄二さん、山口崇さん、渡哲也さん兄弟〈故人〉並びに関西経済連合会・会長松本正義さん等、他にも多くおられます）

エッセイ

マロというネコ　今はミータ君、ミーちゃんとも呼んでいる

猫は波動や光を感じることが出来るのであろうか？

猫にはそのような力が備《そな》わっているのではないだろうか？　と思うことがよくあります。これまで多くの猫を飼ってきたが、祈りをする時には、多くの猫がその時、のどをごろごろ鳴らして傍《そば》に寄って来て、一緒に座っていたのが大変不思議であった。

先代のミーチャン（ペルシャ系と日本の三毛猫との混血の猫）は、私が車で帰ってきて車から降りると、木の上や、屋根の上、門の上から降りてきて、ぴったりと私に寄り添って裏の入り口に一緒に入るのが日課であった。とっても賢い、皆が感心するほどの美猫でした。

亡くなる時、ネコは姿を隠すと申しますが、ミーちゃんは亡くなる前日に廊下に体を臥《ふ》せたまま身動きしなくなり、時折ニャ～オ…、と泣くだけの危篤《きとく》状態でした。眼も見えなくなっていたのに、その日の夜、私が家に帰って居間に着いたとき、小さな「ニャ～オ……」とあえぐような鳴き声を出しながら、私の前にヨロヨロと、ほんとうにゆっくり這《は》いながら、苦しそうに、一歩一歩斜めになり、何度も倒れては腹這《はらば》いになって、最後の力を出し切って廊下から私の膝元《ひざもと》までたどりついた。

力も尽きていたのに、ゴロゴロと言いながら、別れの挨拶をしに来てくれた。私を親だと思っていたのだね。

もう目は閉じていた。実に不憫《ふびん》でした。ミーちゃんの頭をそっと撫ぜてあげると、再びゴロゴロと喜び、微《かす》かな鳴き声で「ニャ～オ…」と一度だけ泣いたのですね。その様子を見ていた私と次男・公作と

家内は深く感動した！　むしろ驚きのほうが大きかった！

皆と一緒にいたかったのだろうね。ミーちゃんは家族の一員であるとの思いが強かったのだ。犬は三日飼えば恩を感じると言われますが、ネコもよく似た思いを持っているのかと思えば、その律義な愛情に目頭が熱くなりました。

その夜、ミーちゃんは畳の上で息を引き取りました。平成十二年のことであった（丁度二〇年間生きてくれた。人間では恐らく一〇〇歳以上に当る）。

太郎とそっくりの先代の犬(中型犬より大きい)ゴンは、その日悲しげに泣いた。仲がよかったからね。ゴンは平成十四年に（十七年間生きて、人間で言えば一〇〇歳位で）亡くなった。そのゴンもミーちゃんと全く同じような別れ方をした…。そのときも目頭が熱くなりました。

ミータ君はその賢いミーチャンによく似ているので、驚かされるのですね。ところが、孫が来たときは、ミータ君は難儀《なんぎ》なのだ！　孫が抱きかかえようとするので逃げ回っている!!　でも最近は少し慣れてきたようだ。どういうわけか私の家族は爺《じい》ちゃん婆《ばあ》ちゃんから孫に至るまで全員が犬や猫が大好きなんですね！　先代のゴンとそっくりの犬（女性に大変人気がある大きい）太郎（未だに太郎のことをゴンと呼ぶ人が何人かいます。もしゴンが生きていたら三十一歳。人間の年齢で言えば一六十歳くらいになるでしょうか？）それと先代のミーちゃんにそっくり顔の賢いトラ猫のミータ君（伊弉諾神宮の売店の人々に飼われていた猫を貰ってきた）が再び我が家に居てくれるのです。

なんという不思議な巡り合わせを頂いたのでしょうか！　有難くトラネコを授けて下さった神様に心から感謝を申し上げるものでございます。

そのミーちゃんの子であるクリちゃんは少しワンテンポ遅れてはいるが、とても人懐《なつ》こくて、誰もいない時と、祈りの時には、レオン君と交代で私の元にきて甘えるのだ！　ミーちゃんの子であるレオン君は人間の言葉が大変よく分かるので実に不思議である。

『こちらにおいで、早く餌を食べに行きなさい。ここに座りなさい。あそこに行ってオッチン（お座り）しなさい』と言えば、さっと座って、直ぐに言われた通りにする！　首根っこを掻いて欲しいと大きな声でニャ～ンと鳴く。まるで犬か猿のように人のコトバがよく分かるのだ！　これは本当に不思議で仕方がないのである！

長毛で、ぱっと見にはライオンの子か？　犬の子か？　よく分からないのである。ゴールドカラーなので通行人からは『かわいい～！』といつも言われるのだ！　子猫時代、駐車場に『かわいい猫の子ご希望の方に差し上げます』という張り紙をしていたのだが、貰い手はなかったのだ。

我が家で飼っているが、レオンは本当にカシコスギルのでみんなが驚いている。一番甘えたの末娘のクリちゃんは、私達夫

婦が仏前で読経するとき、必ず傍によって来る。朝の6時過ぎに神前に座って私が早く来るようにと、『ニャ〜オ!!』と鳴き声を出すのである。私の正座している両ひざの間に後ろ足で立たせ、前足を私が持って、「アット！　アットウ!!（有難うの意味）」と発声し乍ら、仏前で私と一緒に幾度もお辞儀をするのである（さすが伊弉諾神宮の猫の子だ！）。この姿だけはなんとも言えない不思議な顔をしていて、ムチャクチャ楽しい、皆が笑い転げる光景である。

その姿を携帯で録画して見て頂くと、「ミンナガビックリスルダロウナア！」と、録画の仕方を知らない私には、忙しすぎてそこまで手が回らないのが大変、残念だ！　その二匹（我が家では二人と呼んでいる）は、お互いに、食べ始める時、先ず自分の餌を食べないで、相手の餌を食べてしまうのだ！　何でやろうね？

ある日のこと、我が家には、猫の通用口を設けてあるが、どうも野良猫が夜中にやってきて、二人の餌を一粒残らず食べてしまったようだ。

どうしたものか？　と考えたすえに、私は一計を編み出した

のだ。私の寝床のふすまを七〜八センチほど開けて、その先（私が寝床から、エサ入れの猫のお皿が見える位置）に、二人分のエサ入れをそれぞれ置いて寝たのである。

さすがの野良猫も私の寝床近く一・五メートルのところまでは来ないであろうと思ったからである。

夜中になった。午前2時ごろか、ごそごそ、むしゃむしゃと餌を食べる音がしたので、薄暗い寝床からわずかの隙間を覗いてみると、クリちゃんは、私がクリちゃんを見ているのと同じように不思議な顔つきで私の顔を覗《のぞ》き込んでいるのだ！『なんやの？　ニャンヤノン？？』といった顔つきで、しばらく、ぽか〜んと、私の顔をじ〜っと見つめているのだ！

その瞬間！　私と猫との見つめ合いはとても不思議な、何とも言えぬ滑稽な感じである！　微笑みながら微睡《まどろ》んだところ、ほどなく、狭い柱とふすまの間に今度はレオン君が私の顔をしばらく、『なんやのん？　どったの？』といった不思議な奇妙な顔つきで私を眺めているのだ！

私も『ドウスルン？？？』といった顔つきでレオン君を眺めていた！　再び人間と猫との見つめ合いである。レオン君も、しばらく私の顔を実に不思議そうに眺めてから、おもむろに餌を食べ始めたのだ！

その日、夜中から朝までの間には2回、同じことがあったのである。猫は夜中によく餌を食べるということが判った。

私は少し睡眠不足になったのだが…。でも、しかし、これは一体どういうお話なの？ と思われるでしょうね。実はその二人の猫が夜中の薄暗い灯かりの中で、私の顔をじ～っと覗き込んでいる姿が、ことばに言えぬ、漫画の世界に現れるような、可愛く、面白《おもしろ》おかしい、ポカ～ンとした表情をしばしの間《あいだ》していたのである。それを見ていた自分自身の姿がなんとも可笑しく思えてくるほど楽しいのである。

このお話は、猫を飼っている人にしか、猫好きの人でなければ分りにくい、口では表現出来ない不思議な、奇妙な顔つきの猫特有の風変わりな光景でありました。

(ミーちゃんはネズミをよく捕まえる、しかもひと晩に三回！ それも真冬の深夜にだ！ 三度目には、もうこらえてな！ と頼んだのだ!! 子どもたちもネズミや鳥やカエルなどをよく捕まえてくるので、もう大変だ！)

妻に聞いた話であるが、私が車に乗って出かけるとき、レオン君とクリちゃんが車に近づかないように気を付けているが、二人とも私が運転する車の様子を庭の中からジット見つめているというのだ！『普段、可愛がっているから、えらいもんやね～！』と申しました。二人の親であるミータ君は六月から帰って来ない！ このようなことは初めてで、猛暑日が続いているので心配だ。親猫は姿を隠すと言われているが、今まで一週間以上帰って来ないことはなかったので、家族の皆がミータ君が帰ってくることを願っていた。すると、九月のお彼岸の夜の一〇時に、三か月ぶりに『ニャ～オ』と鳴き乍ら帰ってきた。皆がとっても喜んだ！

次は、犬好きのお方の為のお話です。動物のお話が続きますが、お許し下さいますように。

エッセイ

太郎！　タロウくん！　たろうちゃん！

多くの人々から愛されて…。

一五年間、太郎は毎日・雨の日も・晴れの日も・台風の日も、一日二度、散歩に行った。一度しか行けなかったのは豪雨がひどいときと、淡路島大地震の日と極めて体調が悪かった日の三回だけだった。一度も行くことが出来なかったのは、平成十六年の台風二十三号で、家に大水が押し寄せて来た日であった。近所の人々は　毎日散歩させていることを感心していた!!　最近は朝、妻が散歩をさせ、夕方私が出かけるというパターンが多くなった。今年の冬は厳しい寒さで、尚且つ夏の暑さは異常な暑さであったが、どんなに寒くても暑くても、庭に茂った大きなヤマモモの樹の周りの土を二～三箇所、自分で深く広く（四〇～五〇センチほど）掘って、その中に入って休んでいた。毎日、太郎はフェンスで囲まれた中にある自分の小屋から元気よく出てきて、私たちをとっても力強く、引っ張って喜んで散歩に行くのが日課であった。散歩に行くとき、尾っぽをふり乍ら、このうえなくうれしいそぶりを見ていると、私達までうれしくなってきたものです。平成十六年には次男の公作がギランバレイという難病に罹《かか》り、その回復の為、リハビリを兼ねて山の上まで公作を元気よく引っ張って行ってくれました。公作が病《やまい》を回復する上で大変大きな協力をしてくれたのです。

また、時間がある時には四キロから五キロほど、山越えで散歩することもあった。普段は洲本高校の周りを中心に散歩するのが常であった。

太郎は小学生から高校生までに人気があって、幾度も幾度も頭を撫《な》でていただいたものです。中にはハグをしてくれる女子高校生徒も数人いました。

夜中の二時半から三時半にかけて　幾度も頻繁に出没する山猿がやってきたり、近所に忍び入る泥棒サンや不審者（外国人の空き巣）サン等には、驚くほど大声で吠えて、我々は元より近所の人々までを守ってくれました。

実は、ほぼ一年前に、平成二十九年十二月三十日に危篤《きとく》状態になって、もうだめかと思うことがあった。しかしそのとき、一生懸命太郎の首や背中を幾度も幾度もさすっていたら、二日目に息を吹き返し、奇跡的に元気になってくれたのです！

そのとき「後《あと》一年は元気に散歩に行くんやで！　一緒に！」と呼びかけました。その日以来、毎日散歩する時には太郎の体をしばらくさすって　マッサージをしていました。

元気になってくれることを祈りながら……。すると、不思議なことに、元気になってくれて、見違えるほどたくましくなった。

散歩から帰ると、妻が家で待っていてくれて、パンを四～五切れ投げてくれるのを楽しみにしていた。上手にいつも捕まえて食べていた。

ほぼ一年後の十二月二十三日の天皇誕生日にも非常に元気に散歩に出かけましたが、その日には眼が

ほとんど見えなくなっていたようだ。帰宅した時、いつも投げ与えているパンをひとつも捕食《ほしょく》できなかった。自分の食器はいつも小屋の前に置いていたが、その日はどうしたことか、自分の食器をうつ伏せにしていた。このようなことは初めてであった（自分の死期が分かっていたのだね）。

その日、見回りを兼ねた散歩をして、家の近くまで帰ってきた時、（私は洲本第三小学校の見守り隊員）帰宅途中の小学生約七～八人と出合った。皆に挨拶をすると、洲本第三小学校の児童たちが近づいてきて大変元気よく「僕は○○です」「私は○○」ですと、小学生が男の子も女の子も本当に美しいことばを発して名前を告げてくれました。彼らは太郎を見て、

「おじさん！　この犬は噛かみませんか？」と私に尋ねるのであった。彼らの丁寧なことばに私は深く感じ入り、「太郎は、一五年以上、一度も人を噛《か》んだことがないんですよ！」と答えました。

すると、彼らは全員が大変うれしそうに、太郎の頭や体を撫《な》なぜたり、さすったりしてくれたのです。かなり長い間、

触《さわ》って喜んでくれました。太郎は疲労の限界まで達していたようですが、終わるまで、撫《な》ぜられるのが嬉しくて、おとなしくしていました。

その翌日（丁度一年後）平成三十年十二月二十四日のクリスマスイブの夕方に、太郎は我が家の一番日当たりのよいサンルーム（父と母が晩年に健康回復のために静養した部屋）の中で静かに息を引き取った！

私も妻も従業員も涙を浮かべ、綺麗な花を一杯添そえて毛布に体を包んだ。触《さわ》ると、ホントウニ生きているような美しい肌であった。とっても、とっても、賢い犬であった。今でも車で帰ってきたとき、太郎君の寝床《ねどこ》を見ると「太郎君！　只今！　帰ってきたよ！」ということばが出てしまう（十六年間一度も体調を崩して病院に行ったことがなかった元気な犬だった。沢山の思い出を与えてくれた）。太郎の小屋を見るとき、『もう一度、是非一緒に散歩をしたいものだ！』といつも思う。本当に多くの人に愛された素敵な、素敵な犬であった。同窓の中村さん（わんにゃんクラブ）から頂いた、何とも言えない恩人ならぬ恩犬《おんけん》とも言うべく実に素敵な愛犬であった。

パート・V　〔宇宙の神秘：祈りの重要性について〕

次に、祈りの力と、祈りの大切なことを取り上げます。

参考『新約聖書』・新約聖書のマタイによる福音書（一七章一四節～二一節）には、

ひとりの人が悪霊につかれて苦しんでいる自分の子をイエスの弟子たちの所に連れてきたが、直して頂けなかったのでイエスにお願いしたところ、イエスが御叱《おしか》りになると悪霊は出て行った。弟子たちは「私たちはどうして霊を追い出せなかったのですか」と尋ねると、「あなたがたの信仰が足りないからである」と言われた〔使徒たちはイエスから病を癒いやす力と権威《けんい》を授かっていたのですが〕しかし『この類《たぐい》は、祈りと断食《だんじき》によらねば、追い出すことができない』と言われた」とあります。

また、マルコによる福音書（九章一六～二九節）にも同様に、イエスは「この類《たぐい》は、祈りによらなければどうしても追い出すことは出来ない」とあります。それは、神を深く信じる浄らかな祈りのことばによって、はじめて神の権威と力を授《さず》かることができて、邪《じゃ》（よこしま）なる霊は消えてしまう事を示すものなのです。そのように、浄い（善なる）祈りは宇宙の波動に相和し、共振し、地球の波動を高めてゆくことになり、世界と人間の上に覆《おお》っている邪なる波動を消す力が生じます。続神誥記二六七頁・祈りは引き金、きっかけとなり、ことばの波動が力を発して仕組みを誘《いざな》う始めとなる、とあります。それゆえに、現在の宇宙に蔓延《まんえん》している邪《よこしま》な波動（悪く強い波動）を、神を信じる多くの人々の浄められた祈りの言霊：神聖な波動の力でもって、無にしていくことが必要なのです。

地球と人類を救うために、今、一人でも多くの人々の浄らかな祈りのことばが必要とされています！特に感謝の祈り（ことばの波動）で地球を覆《おお》い、悪神邪神の力を消すことが求められています。（続神誥記・

二二〇頁）

尚、同書二五五頁には、祈りとことばについて次のようなことが記されています。

> 一人の祈りは全ての祈り。必ず地球を巡り回りて、天にも伝わる尊き波動。
> ことばの波動は命の波動。命を浄めて、汚れを流さん。なればことばを変えゆくこと。ことばを高めてひろげゆき、思いを浄めて伝えるべし。
> 日本のことばは祈りなり。高き波動のこもれることばは、世界人類全てを癒《いや》さん。（中略）人類危難の危急のときにも、ことばは人を救いてゆかん。

ここでのいわゆる〈ことば〉は神の祈り：力と同じものを意味するものであります。

【祓詞《はらへことば》は：大祓《おおはらへ》の詞《ことば》や般若心経《はんにゃしんぎょう》などには、全てを浄める清らかな波動（霊力）があります。いろは祝詞・ひふみ祝詞（古代皇室の祝詞《のりと》）には最強の波動（霊力＝神の力）が働くとされています。これら祝詞のことばを、感謝の心をこめて一音一音を敬虔に、無心に祈ることが大変重要なこととされています】

ここは少し難《むつか》しく感じられる文章ですが、神様の領域《りょういき》（はんい・ぶんや）に触ふれる神秘的《しんぴてき》（ことばというものの本質と祈りの意義について大変奥深く、重要）なところを、お読み頂いています。

祈りのことば　人は神さまの一部分

既に述べてきたことでありますが、無心に祈りを捧げる時、素直な感謝の心でことばを発すれば、言霊の霊力は波動となって人の魂が浄められていきます。やがて、宇宙の意思（神の御力：宇宙の真理が現れる）により、多くの人々の心身が守られていることが分かります。

ここで、先ず確認しておきたいことがあります。皆様から次のことをよく聞かれます。『祈りって、それは宗教ですか？』とよくお尋ねをされるのでありますが、私たちが祈りのことばを奏上することは宗教とは全く関係がないということです。私自身は宗教を尊重しておりますが、宗教に入っていても、入っていなくても、関わっていても、関わっていなくても、祈りということにつきましては、誰がいつ、どこで、神仏に祈りを捧げてもそのことは全く問題がありません。

大宇宙の自然摂理に深く感謝をして、祈りのことばを奏上し、ただ、純粋に祈るだけであります。私どもの有志が集う会には「教祖も、経典も、勧誘する人々も、奉納金（宗教にはそれらが存在します。それはその団体が存続する為に必要であるからです）などはございません。

（再度記しますが、ここは最も大事な所です。ご説明の後に、実際の体験に基づくお話を引き続き記したく思います）

多くの人の魂が浄められると、その人々の発することばから、美しい言霊が響き、浄められた純粋な波動が世の中を覆《おお》っていくこととなりますから、この世を覆う暗雲が祓《はら》われて、地上世界を取り巻く自然界・人間界の空気は清浄な波動に戻ります。つまり地球を取り巻く自然そのものがより浄められた状態になりますから、有害：邪悪な細菌・ウイルス等が、強力な、聖なる善の波動により、無力化され、滅失していくことになります。

結果的に、自然の環境自体が非常に美しく瑞々《みずみず》しいものに生まれ変わりますから、やがて地球の体：命が再び蘇《よみがえ》ってくることになります。さらに、人類の執着心の浄化にも大きな良い影響を与えます。

地球の命を救うことは人間として宇宙世界に最高・最上の報恩をすることになります（地球は人類を生み育てた母なる大地です）。一人でも多くの浄らかな心と魂の人々により、至誠な祝詞の奏上をなされることが待たれています。そのことにより、宇宙の真理が輝いて発動されて参ります。

先ずはひとりからでも至誠な心で真摯に、祈りのことばを奏上していくことが必要となります。一人の力は決して一人の力ではありません。一人が始める至誠な努力は、湖面に投げた一石に見る波紋の如く、やがては湖面の全てに行き渡ります。一人からでも始めることが必要なのです。

一人の人が一隅を照らす光は多くの人を照らし、また、暗闇《くらやみ》に悩んでいる人々をも導き、やがては、全ての人を救う力となります。

非常に信じがたいことと思われますが、神様（大自然の摂理のことです）はこの祈り（波動）のことばというものに、次元を超え、時間・空間をも超え、過去も未来をも超えてどこまでも届く力を備えておられます。

しかも、祈りには光よりも速く、次元を超えて瞬時にどこまでも行きつく力が働くように定められたのですね。人は神の分霊《わけみたま》であります。

それは神様の最も尊い、神聖な霊力（波動＝お力）を人にも分け与えられたということでありますから、この恵みに私達は心底から感謝をしなければならないと思います。

逆に、濁《にご》った魂の人々（果てしない欲望の中に、強い利己心で執着する人々の魂）が発する汚れたことばからは、汚れた波動がこの世を飛び交い、悪い現象：事象を招いてしまうこととなります。それらのことは、神様がこの宇宙の中に仕組まれた法則（力：エネルギー）が働くという意味ですから、いかに人がその仕組みを操作しようとしても決して出来ることはありません。人はみんな神様の掌中（手のひらの中）で活動している存在に過ぎないからです。

それでも、人は神様の一部分であり、宇宙の中でも実に尊い存在です。従って、神様のお役に立たせて頂くこと：神様の心に適うように、お役に立つように、少しでも多くの人々が神様に接していく事が必要なのでございます。

留意をしなければならないことは、人間は神様から心を備えられて誕生してきますが、その与えられた人間の心というものは、寿命《じゅみょう》を有する間は神様のご意思ではなく、人間の自由意思で働きを自在にできるものとして与えられているのであります。私たちが謙虚に素直に感謝の心を強めていき、利他の心を培いながら神さまを信じて、努力を続けていますと、思わぬ力が現れてきます。

有難いことに、神様が力強く応援して下さるのです。さらに、神様は人に聞こえることばを発しませんが、有難いことに、人間にはことばという心を表す実に偉大な力を発することができるように、生まれた時に備えて下さっています。

そのことに気づくとき、心とことばを賜って生まれた人間が、毎日、何不自由なくありとあらゆる大きな恵みと御守護を頂いているにも関わらず、神様に全く感謝の思いも言葉も発しないで生活をする事は、ご恩というものを忘れてしまっている誠に申し訳のないことではないでしょうか。

皆で、祈り合うことの尊さについて

実際に体験したお話です。

平成三十年十月六日（台風二十五号の襲来日）のことについて、是非述べておきたいことがあります。それは平成三十年の夏から秋に起きたことです。その年は格別台風の多い年で、台風二十号は淡路島を強風が襲いました。

我が家には雨漏りが生じました。次の台風二十一号は大阪を中心に猛烈な風が吹き荒れ、関空などで大きな被害が生じました。

天気予報では予報官は厳しい表現を用いて　その危険の程度を真剣に知らせてくれますが、台風が通り過ぎるまでは緊張するせいでしょうか、私は肩が凝《こ》ってくるのであります。恐らく肩が凝る人は沢山おられるのではないかと思います。

それはさておき、私はこれまで長年に渡り、台風が近づいてくる前に、神社に立ち寄り、台風から皆が無事であるように、ご守護の祈願に詣《もう》でてまいりました。

しかし、近年になって、この祈願ということについては、自分だけではなく、一人でも多くの人々が真心をお捧げして、祈願をさせて頂くことのほうが、より一層大事であるということに気づきました。

そこで、私達のグループ（日本の心とことばを学び合う会）では、台風二十号の襲来以降、少人数（二〇名位）ではありますが、台風が迫《せま》ってくる三～四日前の夜九時頃から各家庭でいっせいに、いろは・ひふみ祝詞の奏上をし始めました。それはどういう意味かと申しますと、日本の心とことばを学び合う会ではいつも、ただ単に皆がいろいろと学び、話し合うだけで果してそれで良いのであろうか？　と疑問を感じました。

そして、学び合うだけでは不十分なので、私たちも少しでも世の中の人々のお役に立てるように尽すことが必要であると考え、皆で自然災害からの御守護を願い、一斉に祝詞を奏上することに致しました。人が無心（神に委ねて）になって、神に祈りのことばを純真な心で発する時に、神様のお力が働き、大自然の勢いを掌《つかさど》る霊力（摂理）が働いてきます。私達のメンバーがみんな、そのことがよく理解できましたので、素直な感謝の心をもって神様に、真心を込めて御守護を賜れるように、篤い祈りを捧げ、神様に委《ゆだ》ねさせて頂きたく思ったのであります。また同時に、そのことを神様が望まれていると思われたからであります。それでまず、無心に、今現在を生かして頂ける幸せを心から感謝して、『多くの人々をこの台風からご守護をお願い申し上げます』ということばを申し上げて神様に祈ります。その結果、確実に神様はメンバーの真摯な祈りをお聞き届け下さっているように思われるのでございます。

祝詞を奏上した全員が確かな手応え・喜びを感じています。しかし、淡路で取りくんだメンバーは全員が守られましたが、祝詞を奏上したにも関わらず、他の地域の人々には御守護がなく、淡路以外の各地で大きな被害が出たことは、誠に申し訳のない事であったと気づいたのであります。

深く反省したことが二回ありました。そこで祈りのことばを次のように改めました。先ず『この（第〇〇号の〉台風によって日本の国に住む人々、日本に訪れている人々全員の命をお守り下さい！）と真心をこめて、ことばを発し祈ります。次に『日本人の家屋・ライフライン等の各施設に大きな被害が発生しないように、通過コースが日本から大幅に逸《そ》れていきますように』とことばを発して祈ります。その次にコースが直撃を免れない時は『勢力の減退を祈念』します。それが実現することを、心から感謝の思いをこめて二つの祝詞を宣《の》りあげます。

『私達の真心が届きますように！』と。すると気象庁の進路予報と台風の勢力に少しずつ変化が見えてくることを毎回感じています。しかし残念なことに、前回二十一号では数十名の死者・行方不明者が出ました。

二十四号では三名出ました。このことは大変辛かったのでございます。もちろん死者はゼロである事を私達は毎回祈念しているのですが、強大な台風の襲来でゼロであったことがないのは真に辛く、無念なことに思います。

幾人かの人がお亡くなりになった時に、『こんな危険な時に何故、用水路を見る為に出かけたり、危険な川や海岸縁《べり》に出かけるのですか？　わざわざ出かけなくても良いのではないでしょうか!!　ホントに命を大事にして欲しいものです!!』という実に残念な思いが強く生じるのでございます。

同時に、現在被災された皆様の健康と復興をも祈願させて頂きます。（台風二十号以来、数回取組み始めたところですから）現在は未だ確証を述べられる段階ではありません。しかし、今までのところ、参加をして、実践した全員（日本の心とことばを学び合う会のメンバー）が祈り合うことの尊さとその必要性を実際に痛感し、感激致しております！　神様に、「私たちの祈りのことばが少しでも通じたの

被害がありませんように
無事でありますように

ではないだろうか？」と大きな驚きをもって話し合い、幾度も心に喜びを感じています。

余談乍ら、これまで中国方面に進む予定の台風がその直前で突然、日本の方向へ進路を変えて進んで来る事が毎回の如くあった。常に我が国を誹謗中傷する高圧的な隣国故、『そのまま真っ直ぐに行けば良いのに！ ナンデヤノン？』と思った事が幾度もありましたが、（皆様には、おありではございませんでしたか?!）ゴク、タマニ、日本から進路が逸《そ》れて隣国に向かうと、私は大喜びをしていましたが！ 隣国に達するときはいつも温帯低気圧に変化していた。『ナンデヤネン』と残念であった！ しかし、今夏の如く猛暑日が連続すれば、雨が欲しいので、日本のほうに来ても良いと思うのね！ ところが、そのような私の思いは全く神の心に反する邪《よこしま》な思いであることに気がついたのであります。

最近では、諸外国（中国周辺：近隣国）の人々にも、たとえ残念であっても無事であるように、祈りの範囲が広がるように心がけています。

しかし、誠に残念な事に、地球の温暖化現象により、超巨大台風や集中豪雨に巨大地震等がこれから幾度も日本を襲うことが予測されています。地球の温暖化現象を一刻も早く食い止める為の諸策が世界中で直《す》ぐに起こされねばならないことは論を要しません。只今、ひとえに無我の心で人類の無事を願い、祈りを奏上させて頂けるように取り組ませて頂いているものでございます。行政に携わる日本の政治家・学者の皆さま方、どうかしっかりとお取り組みください。

次に、神様から日本人への篤《あつ》き願いの籠《こも》るお伝えを、少し長文となりますが、大事な所ですから、原文をより平易な表現となりますように、現代語を使用させて頂きます。

ことばは全てである。この世の始まりのとき、全てのものはことばによって実現した。この世の始めにことばがあった。神が居られて、始めにことばがあった。（神より人へ上巻）ことばは人の心である。心を表して、そのまま人の心に働きを及ぼすものである。従って清らかなことばを使いなさい。

心を浄めると、その後に、ことばも自然に浄められるもの。ことばは神であり、宇宙である。宇宙の法則に、流転の仕組みも、全てはことばが定めたままに、動き働き、循環するものである。神のことばを汚してはいけません。法則が乱れて、宇宙も破壊されるであろうから。（神詰記より）

従って初めに日本のみ役は、ことばの世界を広げゆくこと。世界に広がる。今のことばは、荒《あ》れてすさんで、荒廃の素となっている。

人の心を輝かせ、潤《うるお》わせるものも、ことのは（ことばの波動）だけである、ことのはの一つの奥に込《こ》められている、響きの中には祈りがある。

それゆえ、人は先ず、そのことに気づいて、己のことばを見直すべきである。人の心を安らげる、優しい響きに耳を傾けなさい。神の思いをそのまま表す尊い音色《ねいろ》の日本のことばに。従って、これから心がけることは何よりも先ずことばである。ことばを正し、ことばを高め、ことばを清めることから始めなさい。（続神誥記二五六頁より）

〔ことばを大切に使うこと。正しく使うこと。正しきことを正しく表し、正しく伝え、正しく理解し、ことばの乱れを生じさせないこと。ことばは美しきものなり。ありがたきものなり。心を豊かに清らかに健やかに育て伸ばしてくれるものなり。

ことばを清らかに発する人は魂も清く、汚れも少なし。ことばが汚く乱れている人は心も魂も、醜《みにく》く、汚《きたな》く、汚れている人である。人の心を磨き、高める、その為にもことばを正しく大切に用いられよ。それが一つの人への教育ならんかな。

大切な教えとならんかな。人を育てる教え、神の子に育てゆく一つの教えたらんかな。ただ美しいことばを、美しい音色で、美しく表しなさい。ことばの表れがその人の魂の姿を写すものであるから、そなた自身の魂を美しく汚れなく保ちなさい〕

と大事な事が記されています。

次に上巻一〇九頁にも重要なことが、

〔なれど、行い何も致さずば、いくら心高く、口に清きことば述べても神の御心に適うことなし。想念のみにては、魂は向上せぬ。心は浄まらぬ。肉体は浄まらぬ。行いもちて人は昇華しゆく。これを可能にす」とあります。

言霊を正しく知ると、人類世界が平和：幸福に生きることに繋がる

「言霊の働きを正しく知ることが何故　現代の様々な汚れを正していく事になるのですか？」ということを、ひふみともこ先生が神様に質問されている件《くだり》が神誥記の中に記されています。その質問に答えて、神様からのお答えが次のように記されています。現代語に要約いたしますと、それは『答えを聞いても、人々に、非常に難しく思われてしまうことであり充分理解されるまでには、かなりの時間もかかる事であろう。

しかし、後日の為に教えたいもの。言霊を知るとは、始めに人類が、現在の乱れ過ぎたことばを正しく改め直すべきであり、そうすることによって言霊を正しく理解できることになるのである。

言霊を正しく知ることが出来れば、人はことばを大切に使い、自分の身をも慎んでいくことになる。また、ことばを正しく清く使って、ことばに敬意を持つ人には悪人はおらず、犯罪もが無くなるのである。全てこの世の中が悪く乱れてしまうのは、ことばを乱して使うことから始まるのである。

ご参考に、世界の偉い首脳たちのことばをお聞き下さいますように！

ことばの恩恵を省みず、ことばを使って罪を作り悪事を働くのだから、ことばがなければ、犯罪もあ

りはしない。ただし、人類の繁栄も発展もあり得ないことになる。言霊を正しく発し、音霊《おとたま》も清いものを発し、汚れた心を持たず、清らかな心を保ちなさい。

ことばは魂であり、かつまた、命でもある。現界（この世）だけの恵みであって、死んで帰るあの世では、ことばを使える幸せ（喜び）が無い世界であり、この世だけにしか望んでも得られない宝物なのだから。

あの世にあるのは想念（思い：考え）だけであって、ことばは取り上げられた、ことばの失われた世界である。

だから、この世に生きている中《うち》に、ことばを正しく使って、心と魂を浄めてからあの世に戻りなさい。魂を禊ぎ、浄めるには、いずれもことばを正しく遣《つか》うことに及ぶ（匹敵する）ものはないのだから。

人の歴史を書き換えてみたり、宗教を貶《おとし》めたり、政治を乱してしまったりすることの罪に関しても、いずれもが、ことばの働きを汚してしまうことによって始まるものなのである。

神が人に望んでいる人の務めとは、始めにことばにある。神のことば：神の御心、原点を、神のはじめのことばを知りなさい。時間をかけて、よく肚《はら》に納めなさい』

パート・Ⅵ〈日本人だから世界を救えるという意味、未来への歩み方〉

日本の精神性（心）とことばは人類社会に大きく貢献する

昨今は日本語が乱れ、おぞましいことばや外国語がもてはやされる時代を迎《むか》えていますが、古来より美しい言霊の響く日本のことばが蔑《ないがし》ろにされることは本当に残念なことです。汚れた言霊からはその響きの通りの波動が現れ、悪しき、現象が顕れます。

ことばを正しく使い、美しい言霊の響くことばを話し、文字も清らかな文字の魂が生じる麗しい文字を使用していきますと、世の中の波動も浄まり、悪しき現象が消えてまいります。

多くの人々と、私達の魂が浄められ、こころも清々《すがすが》しくなりますとき、やがて、人類の明るい未来が見えてきます。まさに、そのことは神の心に適い、汚れた宇宙の波動を浄め、地球を救い、人類を救うことにも寄与することになります。私達にとって、これほど有難く光栄な事はありません。

日本の心は神様そのものであり、ことばというものは神様の祈り、願いを顕わすものであると理解いたしますと、神様の祈り、願いをこの世に力強く顕すことは、地球を救うことに繋《つな》がります。

人の魂の中には神の祈りとその願いが込められています。人間が神さまに代わって神様の（祈りの）ことば・・（願いの籠《こも》った）ことばを世界の人々に発信して伝えていくことは、取りも直さず人類と地球を浄め、世界人類の幸福に繋がることになります。

それは大層難しいことのように思われますが、決して難しいことではありません。少し詳しく申しますと、ひとり一人が修養をして人柄（心）を高め・・魂を浄める為には時間を要しますが、難しい想いや、イメージを持たないで、日頃、私達が使っていることばを見つめ直して、無心（純真）に発していくことからスタートして行けばよいことなのです!! 自然に心も魂も浄められていきます。

何もしないでただ心配するばかりでは、世の中は決して良くなりません！

私達は、自分の力に応じてそれぞれが自分の役割を果たし、各人が応分の努力を尽していけばよいのです。深刻に考え過ぎることは不要です。ただゴールを目指し、道を誤らずに進むために、常に自己本位になりがちな思いを見つめ直していく意識は必要ですが、想いを神の心に添わせていくように心がけていけばそれでよいのでございます。

ことばは人の心と魂の真の姿を顕すものである

ことばというものは人間の全人格を表すものであります。心の中に感じている事や秘めている事、悲喜こもごもな思いや自分の夢：希望：愛情：欲望：妬み：憎悪：さらには、虚偽：好悪：執着心：慈悲：感謝：正義：理想：等、それ以外にも人の心の中に存在する思いや感情（情念）は実に多岐に亘《わた》り＝及びます。

それらの内なるものの全てが先ずことばとなり、同時に行いとなって表れていきます。『思い』『ことば』『行い』の三つがとりわけ重要なことになってまいります。

さらに（霊的感性）等も加わりますので、他人と会話をするとき、自分からことばを発する時、また、話しかけられる時に気をつける事として、ことばには広範囲に表現する方法がありますが、ことばの発し方について留意してみたく思います。

『基本的に、ことばは心のツール（道具＝神様が心を現すために備えて下さった尊い道具）』です。神の心に適うように自分の思いや感情、考え、意見などを話すその瞬間に、今述べようとしていることばは、このことばで良いかどうかを瞬時に、適切に判断することが大事です。万一不用意な、人を傷つけるような不適切なことばを発しようとしていますと、その時には格別注意を要します。

（『そうですね！』とか、『なるほど…』などと他に感じの良い適切なことばが浮かんでくるまで、頷《うなず》いて間《マ》を取ることが良いのです）

特に、体調の悪い時、眠たい時、不機嫌な時、忙しい時ほど、怒りの言葉や邪気を含んだことばを発し易いので、気を付けることが肝要となります。

悪しき言霊を招き、それが自分に返ってくるからです。と同時に話し合う相手の人の体調（そのときのコンディション）を直ぐに察して、ことばを選んで話すことを心がけることも大切なこととなります。

ときには、何も話をすることなく、ただ相手の気持ちを心から聴くだけでもよい場合があります（傾聴：共感：受容の心）。その場合、よく聴くことは多言を弄《ろう》する（ことばをもてあそぶ）ことよりも価値があります。

重要なことは、人が話をしている時には遮《さえぎ》ることなく、充分に相手の話をよく聴くことと、人の心を傷つけないことを心掛けます。よく聴くことは相手の人から人格を尊重されることに繋がり、同時に信頼される度合いが一層深くなります。

特に、心とことばは一体のものですから、より適切なことばを選んで話をする習慣を身に付けることが大変望ましいことでございます。

自分の思いを伝える時には、人の心に歓びや、感動、感銘、安らぎ（癒し）を与えられることば、安心感を与えることば、信頼されることばを選びます。

そのようなことを意識して習慣づけていくことで、私達の周りの人々は、その方のことばに触れて、非常に感激をされ、感銘を受けられるようになります。

自然に、そのようなことばを発した人は深く慕《した》われていきます。周囲の人々は安心出来るその人との交流があることの幸福感を感じるからです。さらに、その方は心から信頼されるようになりますので、いつも一緒に居て欲しい存在となります。それは、神さまのことばを発しておられるからなのです。つまり、優しさ：温かさ：謙虚さ：公正な心：鈴の音色が心に響くような麗しい清らかなことばには、神聖な音の波動（神の力）が現れますので、人々は、ゆったりとした、えも言われぬ（何とも言えない）心地よさと安心感に包まれ、心の底から救われてまいります。私達の周りの人の上に心の安らぎ・平穏が訪れ、やがて自然に深い感謝の心が生じてきます。

ことばの発し方（ひとことのことば）にはご注意を

恐縮乍ら、高い地位にある政治家・学者・官僚・文化人・教育者・著名人などの方々におかれましては、くれぐれも常日頃のことばの使い方（発し方）を誤ることのないように、慎重に発言されますことを進言させて頂きます。

昨今の自然の気象・波動の乱れから、地上の趨勢《すうせい》を鑑《かんが》みる時、地球環境（空気や水、大地等）の汚染によって人類の生存危機は大変深刻になっています。多くの人々がその危機感を無意識的に心の中に抱いています。

世界の大国の強権政治や経済問題・領土紛争事件、コロナ禍等からも、日本人は自国の軟弱な政治：官僚組織：自分が勤務する職場などに、やり場のない緊張感やイライラ感（焦燥感）と、モドカシサを感じています。さらに、ことばに表せないほど不安や怒りなどの圧迫感をも感じています。

これらの思いがもたらすストレスのはけ口として、多くの人々は如何なる人に対してでも、ことばや行いに不快感を感じるようなことがあれば、その人々に対して、反射的に攻撃的な衝動感にかられ、（無意識の中にも）暴言や暴力を発しやすくなっています。

そのような『感情、即ちストレス』を払拭《ふっしょく》する為に、神経が瞬時に且つ過敏に働いてしまうのです。このように、現在の世の中の人々の神経は非常に鋭敏に研《と》ぎ澄まされていますので、小さな出来事にも直ぐに神経が過敏に反応致します。

（ことばの暴力：パワハラやアオリ運転等もその顕著な顕れ）加えて、若い人々から高齢者までがスマートフォン（厳しい注意が必要）などを駆使《くし》して、いともた易やすく手短に、人を攻撃してストレスを発散することが可能ですから、ことばを発して物事を説明するとき等には特にことばの使い方、選び方にご用心深くなさいますことを、心からお勧め致します。

それだけ世の中（地球上）の波動が汚れていますので、それに対応して生きて行くにはマスコミ界を始め、人々の神経が研ぎ澄まされていなくてはならない状況にあるようです。

最近、私自身も、ことばの使い方を度々失敗するものですから、自省心を深め、ことばの発し方には格別、気をつけなければならないと、強く思っています。

本書の主目的について

日本人の心と日本のことば（その感性の源：由来）は大自然の心（神様の心と言霊《ことだま》）に端を発しています。真にありがたいことに、日本人の大多数には古来より、そのように平和を愛し、人類の心に平安を与える尊い資質が一人一人の魂の中に存在し、遺伝子細胞にも組み込まれています。

それゆえ、日本の心とことばと光（神の慈愛そのもの）のエネルギーが一体になる時には、普遍的に人の力を超える神秘的な力が働くこととなります。それは、世界人類一人一人の、どなたの上にも等しく感じ得られ、享受《きょうじゅ》されるエネルギーとなります。それは宇宙の真理です。

やがて、その力は世界の人類を救済していくことが可能となる強力な（エネルギー）となります。つまり、このことが本書の主目標「日本人は世界の人類に平和貢献ができる」という点に帰結致します。それは実に有難いことであります。

注：（言霊：音霊：エネルギー：光は全て波動で実質は同じもの、神の摂理により、神の働きを示す：波動の大小・強弱・長短等が連動することにより、人間の感覚に感応できるあらゆるものが生じてくる）

現在、世界の主要な大国間で行われている激しい覇権主義：強権国家主義：自国第一主義はやがて必ず破局に向かいます。そのことは将来確実であると断言致します。何故なら、神（宇宙）の目指すご意志と、人類（強大国間の人間の意志）が目指している意志の方向は、正反対で、かけ離れ過ぎていますから、必然的に二大国の今の歩み方の上に、宇宙（神）のご意思（法理：法則＝力）は正反対に働くからです。その時、アインシュタインの予言通り！　世界で最も品格のある、高貴な国家が主導権を委任されるときが来ます。

世界の中で自然環境の保全と世界の各国に安心を与え、調和を保てる国、安定した繁栄が保たれる世界を築ける国として、日本が最も信頼される最有力の国となっておくことが求められています。その為にも、世界の主要な課題には万事、主体的に積極的な役割を果たすことが大変重要となります。世界中の人々に、適宜、適切な言葉を発して、国際間の平和・繁栄を実現していき、人類を正しく導けるようになれば、日本人が敢然《かんぜん》と世界の人類を救えることに繋がります。

早急に多くの日本国民はもっともっと気骨のある真の勇気と胆力の有る（神を敬い、公正さと、慈愛の精神と叡智を如何なく発揮できる）人間性を築いて、如何に難しい問題であっても解決できるように、そのリーダーシップを発揮していくことが必要です。

ここまで、神様よりひふみともこ女史への啓示文を、文語体でありますが、お読み頂き感謝します。

次頁に、『いろは祝詞・ひふみ祝詞』を発声の節の順に従って記します。

いろは祝詞

いろはにほへと　ちりぬるをわか
よたれそつねな　らむうゐのおく
やまけふこえて　あさきゆめみし
ゑひもせすん

ひふみ祝詞

ひふみ　よいむなや　こともちろらね

しきる　ゆゐつわぬ　そをたはくめか

うおえ　にさりへて　のますあせゑほれけん

日本が素晴らしい国となる為、次の世代に伝えたいこと

私達の世代と次の世代の人々は先人から文明の大きな利点（物質文化：科学の進歩による便利さ・快適さ・豊かさ等のプラスの恩恵）と、そのひずみによって生じた（自然破壊による地球の汚染などの悪い影響：マイナスの遺産）の双方を否応《いやおう》なく受け継いで行きます。

このまま自然の乱伐《らんばつ》・伐採《ばっさい》による環境の破壊が進めば、さらに大気が汚染され、種々の疫病や公害が今よりも多発します。地球の地軸は大きく狂ってしまい、宇宙の運行が乱れます。その結果、天変地異が生じて、地球に生命は存在できなくなる（人類が生存不可能になる）と危惧《きぐ》されています。

このような状況は人類の歴史上、かつて見られなかったことです。神様は人類が生き方を一刻も早く、よりレベルの高い倫理・道徳に基《もと》づくものに改《あらた》めるように（地震・台風・豪雨・つなみ・火山の噴火・戦争：疫病・動植物の死滅・竜巻・大規模山林火災等を通して）警告《けいこく》を発し続けておられます。これらの度重《たびかさな》る天災：人災の発生は形こそ変えながら、何らかの現象が毎年現れ、多発することを私達は覚悟していなければなりません。また現在も、日本の国家・国民は大国の人々の度の過ぎた強《つよ》い利己心《りこしん》により、（領土・領海・領空の侵犯や狡猾な騙《だま》し事件等に出合うという）大変危険《きけん》な状態《じょうたい》に在《あ》ります。

私たち日本人には今後どのようにすることが求められるのでしょうか。我が国は、国民をしっかりと守り抜くという強い信念と具体策を持っていなければなりません。それを前提として、恐らく皆様には不思議に、また迂遠《うえん》に思われることと思いますが…。

神様は世界の人々に、諸課題に向かう時・美しい言霊《ことたま》の響く日本の心とことばと文字を正しく伝えていく事を望まれています。

迂遠《うえん》なようですが、その事はやがて地球と人類を救うことに繋《つな》がるからです。上記の事は（感謝の心と優しさ・温かさ・勇気・英知）など利他の心とことば（文字）に表れます。その由来の根源が神様の心にある故《ゆえ》なのです。


〝柔よく剛を制す〟という言葉がありますように、日本の国と国民は一見弱そうに見えてはいても、暗闇の中に出会った太陽の光のように、その優しさと温かさ等による柔軟な対応力で、遂には力の強い者（国）を凌駕《りょうが》（他の国々の上に立てる事）できるという事が現実に起きてまいります。

宇宙の心（日本の心とことば）を世界に発信し続けていくことが神（大自然）の摂理を惹《ひ》き起こし、人間の努力次第で、やがて世界の平和と繁栄が招来されることに繋がるのでございます。

元来、日本人には、他人を思いやる心は十分に持ち合わせています。ところが自分が大変気になりますのは、人の居ない場所や、誰も見ていない所でのエチケットやマナーに関してその行動は果たして如何なものかと思うことがあります。以下、次の世代の人々の為に、私たちが取り組むべき重要な事を記します。

一つ、参考になる資料をご覧ください。

ユニセフがコロナ発生以前に行った『子供たちの幸福度調査：世界三八ヶ国』によると、日本の子どもたちの幸福度を見ます時、健康：一位、学問能力・適応力：二七位、精神的幸福度：三七位、でした

（このことは、いじめや自殺が大層多いことが主な原因だとされます）。

産経省によると、幕末、大森貝塚を発見した米国の学者、エドワード・モースが日本での滞在記『日本その日その日』に、「世界中で日本ほど子供が親切に取り扱われ、そして子供の為に深い注意が払われる国はない。ニコニコしているところから判断すると、子供たちは朝から晩まで幸福であるらしい。日本は子供の天国だ」と言っています。

子供たちの未来は、私達、今現在を生きる親・大人世代の責任であります。私たちの残すもの（生き方という遺産）を子孫が引き継ぎます。

悠久の歴史の中、古代から現在まで歩んでこられた先人の尊い生き方の、（高度な倫理観で導いてくれた）そのお陰で私達は今日、かくも恵まれた日本の国の中で幸福な人生を歩むことができています。

このことに深い感謝の念を抱くと共に、私達が今現在を、自制心を保ちながら自由におおらかに（精神的にも肉体的にも）より健全に（美しい心とことばを発して）生きることが大変重要となります。そうすることによって、私達の子孫に日本の国の美しく輝く調和のある）未来社会という素晴らしい贈り物ができるのです。繰り返しますが、何もしないでこのままの時代の有様を次の世代に残すことほど、残念なことはありません。

令和三年現在、世界には七〇〇〇万人以上の難民が存在していると言われています。このような大変困窮の境遇にある人々のことをも、思いやり、利他の心を強めて救援することが必要であります。

何よりも神への感謝の心を強め、その心に適うように生きる事と、真摯な心掛けで大きく世界に羽ばたいて行けるように、良き考え方（取り組み方）を子孫に伝える事が最高の生き方となることでしょう。

神仏を尊び、無欲無心で純粋な心をもって人生を歩む人々は神様のご加護が大変篤いということは、まぎれもない事実です。

ただし、あまり難しく考えず、初めから難しいことにとらわれずに、これならば毎日取り組んでいけそうだと思えること、（謙虚な心と感謝の心を忘れずに）自分自身ができることに、倦《う》まず弛《たゆ》まず取り組んで行くことが必要です。

神様は私たち人間が少しずつでも立ち上がって、しっかりと歩んでくれることを心からよろこんでくれていると思います。

そのことは丁度、生まれた赤子が独《ひと》り立ちをして歩み始めるとき、どれほど、親はうれしい思いを味わうことであるか！　それと全く同じような思いで人間の親である神様は常に私どもをご覧になられていることでしょう。

第一部：古事記に学ぶ日本の心とことばで記述したところの、日本人だから世界を救えるのですという意味は、これから先、未来の地球上に住む全人類が平和で調和のある世界の中で生存できるように、世の中を切り開くことを意味します。

それには、精神的にも物質的にも繁栄しつつ尚且つ、神の御心に適えるように、人類の上にも、一人一人の魂が浄められ平安になることが求められます。

その為には先ず、人間の魂と、心とことばが大層重要な意味を持っていることを学ぶ必要があります。魂と心とことばの根源が大自然の摂理〔神様の意思〕に由来し、〔神様のその霊力：力：波動〕が時間、空間を超え、次元を超えて、高次元から宇宙の隅々に至るまで、どこまでも瞬時に及んでいることにあるからです。

つまり、宇宙のありとあらゆるものが神そのものであり、神の体であり、そのご意思：お姿を表していると言えるのです。

神様には人間の遺伝子細胞や、原子・電子の如く超微小の物から、銀河よりも超巨大なブラックホールに至るまで、宇宙を構成しているあらゆる物の存在とその必要な営み（働く意義）の全てが常にお分かりなのです。

そのようなことを理解した上で　私たちは人間としていかに歩むべきかを熟慮し、いろいろな問題に（心と、ことばと、行いを、より向上させて）勇気を強く持って、着手していくことが求められています。

以上のことは日本人が世界に貢献する上で、初めに認識することが重要でございます。

令和三年一月二十日から、約20名のメンバーによって学び合う会では、私達は難しいことではなく、誰にでも行える事としてコロナの収束（人類救済）を願い、神さまに私どもの心が通じますようにと、全生命の無事（救済）を祈り合う（いろは：ひふみ祝詞のりとの奏上《そうじょう》を毎日一度、心をこめて、みんなで行う）ことを始めたところです。いつの日か、必ず貢献できることと信じています。

【日本の心とことば】というものは、それは換言《かんげん》すれば、大宇宙のこころであり、ことばでもあります。また、それは神様のことを顕《あらわ》している表現にもなります。

ことばには強力なパワー（命）が秘められているからこそ　私達は豊かな（美しい）心を添えてことばを発することが何よりも重要となります。その時、はかり知れない大きな力が働きます。

『神から人へ（上巻）』三五三頁には「ことばは全て。全てはことば。この世の始めにことばあり。始めのことばに神ありき」とあります。神語記では「ことばはこの世のみにあり、あの世には存在しないものである：あの世では想念のみ」と教えています。

大宇宙の中から顕われた、この純粋な日本の心（豊かな心）と浄《きよ》らかなことばをもって、先ず家族に、次に周囲の人々、そして世界の人々に接していくことが、とっても大事なことになります。今後、世界の中でも高い品格を有する沢山《たくさん》の日本人が現れてきますと、その人々により、美しい日本の心とことば（宇宙の心：神の心）を世界に広めていくことが可能となります。やがて、日本人が世界に大きな平和貢献をして、地球と人類を救うことに繋がる（大義の実現：神様と諸恩人への最大の報恩になる）その道筋が見えて来るのでございます。

本会は、そのような大きな志を持っている小さなサークル活動の会なのです。

国生みの島・淡路から未来に向かって世の中をよりよく導くことができる日本人が、たとえ一人でも現れてくることを目指している小さなサークルです。

結びの文を記すにあたり、今、世界の多くの人々が、コロナ禍や気象異変、経済摩擦、国家間の侵略や戦争等で、言いようもない心の不安感、神経過敏、恐怖感、諦《あきら》め感、やるせない気分などの重苦しい精神状態に陥《おちい》っています。世界の多くの人々は、イライラした腹立ちから、世の中に公正さ、正義というものを強く求めていますが、心の底では世界の人々に心の優しさ、寛大さ、大らかさというものを切実に求めているのです。

利己心と執着心に渦巻く世の中となっていますから、お互いに、それが最も必要な状況下にあります。今日、これほど一人一人の人々の心と魂に、真実の安らぎ・和らぎを感じさせる充足感の必要な時代はありません。まさに今、その時を迎えています。宇宙の意思も力強くそのことを歓迎しています。

『日本人は世界を救えるのです』というテーマで第一部でも記させて頂きましたが、皆様もよくご承知のように、目下、様々な分野で日本人は世界で大活躍をしています。スポーツ界を見渡して見ても、白人主導の世界を自分の力で超えた日本人（非白人）がこの世に現れ、有色人種の上に、旭日の如く光を輝かせ、希望の星として現れた人がいます。それは、米国の大リーグ・エンゼルス・ドジャースで大活躍をされるスーパーヒーロー大谷翔平選手です。彼は米国民や日本国民だけでなく、世界中の沢山の人々から、とっても愛されています。世界中の人々が熱狂的な彼の大ファンなのです。実に凄いことです。スポーツ界では沢山の日本人が信頼と尊敬の眼差しで見つめられています。（逆ニ、一部ノ政治家ヤ大企業経営者ニ教育者ノダラシナイ有様ニハ、開イタ口が塞ガラナイ。モットシッカリ倫理感ヲ高メル必要ガアリマス！）

世界の人々は日本の自然の美しさや、日本人の優しさ・温かさには大きな感動とあこがれを抱かれ、日本人に篤い信頼の心を抱きます。

食べ物（和食を始め、洋食、中華、カレー料理、欧州料理など）や、工芸品、美術品等も、人気の高さは世界の中でも群を抜いています。そして最も評価が高い事としましては、日本の国は外国人が来日されたとき、一様に感じられますことに、大変安全な居心地の良い国であるということですね。

翻《ひるがえ》って、このようなことを記した意味は、単に、日本の国や日本人を自慢するお話ではございません。

その理由は、これから述べる次の偉大なことにあります。

それは日の出づる国：日本の（大らかに和する心）の国民：日本人が世界にその大きな役割を果たすべく、出番を控えているということであります。大国間の果てしない戦いも、やがて終焉《しゅうえん》を迎えるときがまいります。実は、そのとき！（この混迷深い状況下にある世界の国々を真に救う為に、人類を正しく導けるようになる為に、日本人が存在しているということなのです）これからも、地球上で苦しんでいる凡《およ》そ80億人の人類を救うべく、様々な面から、日本人の叡智と真心：日本人の行動力とが世界中の人々から強く求められています。世界のリーダーとしての役割を積極的に果たして下さいという意味が天（宇宙のご意思）から示されているということを、申し上げたく存じます。

私達の時代の人々は次の世代の人々へ、よりよい未来を築けるように、今努力をしておくことが肝心なことでございます！

エッセイ

自分自身の判断力について

さて、自分がこれまでに、いろいろな出来事や、多くの人々から教えられてきたことでありますが、私自身は　全ての問題：課題に取り組むときに、自分の心が純粋で、我欲に曇ったものでないかどうか、家族を始め、人々の健康：平和：繁栄に結び付くことであるかどうかということを自分の心に問いつつ、人々に接していくことが非常に大事であると、最近、思うようになりました。

私には、親しい人々や親切な人々、身近な人々や友人の声など、（他人の声に耳を傾けていて、自分の判断が左右されることが幾度もあった）後で、「しまった！　何故、自分の考えを貫かなかったんだろうかと」自分自身に腹を立ててみたり、大変困る事も、悔やんでしまうことも多かったものですから、そのようなとき、公正に客観的に見て、自分に誤りがある場合はそれで宜しいのですが、その逆の場合にはその人々に対する自分の好悪の感覚に、囚《とら》われ過ぎないように努める事が必要であると思います。

自分の思いや行いが神の心に叶《かな》うか否か、自分に心の目を持てるように、人の誤ったことばに左右されない、しっかりと芯《しん》のある姿勢を保つことが求められているように思います。

以上のことは自分自身、少し難しく思うこともあるのですが、始めに勇気を持って取り組み、あとは習慣化すればよいのではないかと思います。

次のテーマでは、自分の生い立ちに関連して、よくありがちな失敗談（肩をほぐして頂きたく、コミカルなお話し）などを記させて頂きます。

エッセイ

追記録・回想記&所感・神さまとのご縁　他

私が古事記を記すようになった理由は、第一部『古事記に学ぶ日本の心とことば』のまえがきで記しましたが、何故、私ごとき者が関《かか》わらせて頂けるようになったのか、ということについていろいろと想いを巡《めぐ》らせてみましたが!!　どう考えてみても？　それが漠然《ばくぜん》としてよく分からないというのが率直な感想です！

私に、宗教心がどのようにして芽生《めば》えてきたのか、そのことを思うと不思議な気がしてきます。その理由を申し上げたく思います。

我が家の宗教心

【私の家は五代前に真言宗に改宗したようです。（几帳面《きちょうめん》な親族が揃って家系図の調査をしたが、どうしても突き止められなかったのは不思議なことであった。やがて西宮在住の津山欣彦：類《ルイ》（私の叔父：詩の達人）の長年に渡る各方面での綿密な調査によってようやく！　いろいろと分かってきました。五代前に名字が変わっていた（スヤマからツヤマに）我が家の歴史には不思議な、全く想いもしない驚嘆すべきことが…。しかし、このお話は個人的に過ぎますので省《はぶ》かせて頂きます】

私の母のまさ子（知子に改名）はクリスチャンでした（森川きよみという叔母《おば》に勧められた）。そして父の實《みのる》（恵吉のち恵司）は神仏への信心が厚く、私たちが子供のころ（昭和二十年代から三十二年頃まで）、七・五・三詣《もう》でに出かけたり、神社のお祭りにはダンジリに、妹のみどり（後に喜久子と改名）と一緒によく乗せてもらったものでした。当時、両親は洲本の商店街で食料品店を営んでいました。ダンジリという乗り物はよく揺《ゆ》れるけれども、乗っていると本当に面白いものですね!!　鐘と太鼓のリズムと大勢の人々の掛け声が非常に心地よいのです。

また、淡路富士と言われる先山千光寺《せんざんせんこうじ》へ、よく家族揃《そろ》ってお参りをしたものでした（弁当持参で・幼稚園から小学校の時代・山頂まで歩いて登ると、サルや鹿に出会って面白かった、とても楽しかった！）。

私は、茂《しげる》から博至《ひろし》、その後、隆司《たかし》と改名をしてきましたが、これは仕方がないのです。母が名前を変えるのが好きであったから、家族の名をスグニ変えてしまうのですね（小学校二年の時と高校一年の時の二回）その年頃は（学校の先生から名前を間違われ）とても恥ずかしかったですね。

私は、名前から現れる文字霊《もじたま》によれば、三つの人格を持つ人間となったのでございます。私という人間（人格）には三つの名前を意味する性格が秘められていて、その文字霊が、私に呼びかけて自分の性格表現をいろいろとさせるのであります。

そういうことで、私はかなり緻密《ちみつ》な性格と、逆にすごくのんびりした性格が同居しています。また、本書の作成時のように非常に気まじめに、真摯《しんし》に取り組む部分と、大変大雑把《おおざっぱ》で、こっけいな性格が同居しているのであります。最近、片足立ちをすると、ふらつくことがあるのに、まだまだチャレンジ精神が旺盛《おうせい》で、古希を迎える年にドライバーでなんとか二五〇ヤード飛ばないかと、その夢を実現する為（頭が可笑しい?!）密かに励んでみたりね！（実は、その年に達成したのだ）

（野球帽をかぶってスニーカーを履《は》いてジーンズを穿《は》いて歩けば、「二十歳位、若く見えるわよ！」と言われたら、嬉《うれ》しくなってその格好で毎日散歩をする。我ながら実に滑稽《こっけい》なところがあります。

三つの名前を持っている中で、今この書を記したり、話をしている自分の上に、果たしてどの名前の性質が表れているのか、私にはその判別がつきません。短気かなと思えば、気長であったり、素直であったり、謙虚であったりするかと思えば、反発心が出て、腹を立てては融通《ゆうずう》が利かない石頭《いしあたま》のようなところがあって、自分でも、なんとも不思議なのですね。

最近は、神様に喜んでもらえるように、素直になれるように努力をしているのですが、正直に申しまして、良い意味では幅の広い性格ですが、他方、何事も私は自己中心に考え、行動しやすい傾向がある人間だと思います。実は、そのようなことを記しましたのも、文字霊《もじたま》の存在というものが、自分自身の心の働きに常に影響を及ぼすことが分ってきたからなのです。そして、名を変えなかったのは姉の和子だけであります。

　非常によい名前ですから、変えなくて良いということなのです。恐らくこの本をここまでお読みになられた皆様は、著者は真面目で、おとなしく、悪いことなど、ほとんどしたことがないような人間であると思われているかもしれませんが、おっとどっこい、さに非《あら》ず!! ホントニ!! 正直に申しますと、子供の頃からひと一倍いたずら好きで、やんちゃな人間であったことを、これから恥を忍んで告白致します。幼稚園か？ 小学一年の頃、近所の悪ガキと喧嘩をして首を絞められ、気絶しそうになったとき、姉が助けてくれた。

（旧神戸銀行：現三井住友銀行の支店長が乗る）黒の高級ベンツの屋根の上に、悪ガキの友達と一緒に上がって、喜んで思い切り飛び跳ねていたら、運転手に見つかり、こっぴどく叱られ、母が謝りに来てくれて、泣いていた二人を助けてくれた！

　小学校二年の頃、川で釣りをしていて、滑《すべ》った私は川の中で溺れそうになったとき、助けてくれたのは、父であった。

　小学校の四年生の時だったと思いますが、学校で死んでいた大きなニシキ蛇《へび》を見つけて、尻尾《しっぽ》を捕まえてぐるぐると大きく回していた！ みんなが怖《こわ》がって逃げていくその様子が面白くて喜んでいたら、男の先生に見つかって校長室に呼びだされ、廊下《ろうか》に立たされてしまった！ 縄をぐるぐると振り回しているような感じで、「そんなに悪いことだったのかなあ？ 面白かったのに！」と、いったような感覚でした!!

　蜘蛛《くも》は気持ち悪いが、蛇《へび》は全くと言ってもよいほど少しも恐ろしいとは思わなかった。このような次第で、真面目な優等生とはほど遠かった！

そして、近所の友達（小学校・二五〇人の同級生の中で一番の優等生、後に東大の最難関の学部に六番で入学と聞いた）と一緒に遊ぼうと思って、彼の家（お店）に行って「〇〇君居りますか？」とそのお父さんに尋《たず》ねたら、のれんの奥に彼の姿が見えているのに、「今、居れへんよ！」と幾度《いくたび》言われて、追い返されたか数えきれません。〇〇君のお父さんから、どうしていつも嘘を言われるのかよく分からなかった。自分が悪ガキであるなんて思いもしないし、わからないから（悪ガキどうしでよくケンカをしていたからなのか？）「嘘つきなお父さんやなあ！」と思って子供心にいつも、いやな思いをしたものであった！（学校で二番目の優等生であった近所の友達の家（お店）にいったときも同じ扱いを受けた）優等生の親は嘘つきばかりだった。それで「嘘つきの親の子が、何故みんな成績が良いのだろうか？」と不思議に思った。

そのころ、母が心配して、日曜日になると 悪ガキであった私を、教会学校へ半強制的に連れて行ったのであります。小学校の三年生か四年生の頃だったと思います。その教会には優等生もきていたので、私は一緒に遊ぶことが出来たのですが、その親は、いつも私に近寄ってきて「うちの子に悪い遊びを教えたらあかんで！」「ワルイコトを一緒にしたらあかんで！」と何度も言うのであった。嘘を言う親であったし、シツコイのがいやで、聞き流していた。

私は教会へ行ってよく勉強したというより、楽しく遊んだものであった。

教会には卓球台があったので、数人の友達とよく練習や試合をした。これは面白かった。キャンプファイヤーなどにも参加して　楽しく遊んでいたものでした。いたずらや喧嘩《けんか》は何度もしたのに、不思議と、教会ではおとなしかった。

しかし今から思えば、近所の優等生のお父さんに心配されても仕方がなかったと思う。

確か幼稚園の頃…、今思い出せば、大変申し訳なかったのでありますが、お向いの種苗店《しゅびょうてん》の売り物の種（陳列台の仕切り箱の中に入れてあったもの）をごちゃまぜにして遊んだことがあった。

売り台の中に入っているゴマくらいの大きさの種を、あっちの仕切りの中の種をこっちの仕切りの中へ、こっちのものをあっちへと混《ま》ぜては喜んでいた（このときは親と、お向いの叔父さんにこっぴどく叱られてしまった）。そのときは面白いからという　軽い気持ちのいたずらであったのですが、それを後で元通りに選《よ》り分けさせられるのが本当に大変だった！

また私の店の売り代の中に入っていた高野豆腐をバリバリと壊すのが面白くて全部壊してしまった。後で父親からこっぴどく叱られ、押し入れの中に閉じ込められてしまいました。

今頃こんな悪さをする子は少ないでしょう。それから、幼稚園か小学校一年生のころ、お向いの庭で飼っていた養蜂《ようほう》箱の出入口を木切《きぎ》れで触《さわ》って遊んでいたら、一〇匹位の密蜂に頭や体を刺され、とても痛くて泣いてしまったことがある（悪いことをしていた罰が下った）。しかし殺されそうな鳥や蛇は何度も助けましたが、油虫と蜈蚣《むかで》は見つけたらよく殺していました。

大体は家の外へ生き物（キリギリスやコオロギや蜂類やヤモリなど）は逃《に》がしていたが、やはり悪いことをするほうが多かったのかな？

でも、体の弱い子には優しかったのですよ。

さて、五〜六年生のころ、年少の子ども達五〜六人を引き連れて、山に、みかんや、柿や、たけのこを幾度も盗《と》りにいっては、持ち主に見つかり、追いかけられて、逃げ足の速かった私は捕《つか》まったことは一度もなかったのですが、足の遅い子が捕まるのです。

その子を助けにいくために　持ち主の叔父さんの所へ謝《あやま》りに行くのでありますが、当然ながら、叔父さんは顔を赤らめて、かんかんになって叱ります。仕方なく聞いていた！

翌日に学校の校内放送で、盗りに行った全員が名前を呼ばれて、廊下掃除《ろうかそうじ》をさせられる。どの先生もみんな、苦笑いをしていた。何故か？　大して厳しく叱らなかったのが印象的であった。きっと、自分達の子供時代を思い出していたんだろうね⁉

それでもしばらくすると、また性懲《しょうこ》りもなく盗りに行く…。スリルを味わうのがみんな大好き。しかしその次は捕まらないように、別のところに行って採《と》ってきて自慢話に夢中になる。そんなことばっかしやっていた。山に生《な》っているヤマモモや栗《くり》等は採《と》っても叱られなかったのですが！　やはり悪ガキだったのかなあ⁈

とにかくその頃（昭和二〇年〜三〇年代、戦後の間もない頃）は、親は生計を立てるのにみんな必死、子供が何をして遊んでいてもあんまり構わなかった時代でした。海や山や川に出かけては随分《ずいぶん》いろいろな遊びをした。（魚釣り・素潜《すもぐ》り〈魚貝取り：飯ごう炊飯〉・野球・探偵《たんてい》ごっこ・石投げ合戦（頭に怪我をした同級生が出たので危険だから止めた）・近所の屋根歩きごっこ〈近所の叔父さんによく叱られた〉・水かけ合戦・肝試《きもだめ》し・チャンバラや・相撲・プロレスごっこ・ビー玉遊び）等、他にも沢山のヤンチャな遊びを、のびのびとできて大変愉快なことが出来たのだ。

そういうことで、とても面白く愉快な子供時代であった。中学一年の時、大浜公園の檻《おり》の中のサルに、餌をやろうとしたら、突然横から別のサルが飛びついてきて、私は手を掴《つか》まれ、噛《か》まれてしまった。病院で手を縫《ぬ》ったその数日後、「サルに手を出してはいけません」と立て看板《かんばん》が。それ以来何年もの間掛けられていたが、それは私がその張本人《ちょうほんにん》（サルってすごく力が強いのです！　普通の大人の三倍くらい強い感じでした。やられてみて分かったのですが、以来、サルを見たら、腹が立った！　一年後に頭を叩《たた》いてやろうかと思ったが、力は相手が上だから、ボスザルのような顔をして、サルに「ドアホ！」と怒って、大声を出して、怖《こわ》がらせてそれで我慢《がまん》した）。（戌年だから犬猿《けんえん》の間柄《あいだがら》なんよね！）

教会学校では、クリスマスの劇にも参加して、走れメロスの劇で、私は王様（代官？）の役で、約束の時間に間に合わなかったメロスに対して、「縄《なわ》をうて！」と役人に命令したところ、その役人の担当役をした子供は、メロスを縛《しば》るのではなく、本当に縄でメロスを何度も鞭《むち》でしばくように打ちつけてしまった。

「違う違う！　〝うて〟というのは、縛《しば》れという意味や！」と何度も叫んだのですが、彼には何度言っても意味が通じない。後《アト》の祭り。観客はみんなポカ～ンとしていました。大体がこんな感じの中学生活で、中学一～二年生の頃は遊びが主で、中学時代は楽しく遊ぶ時代だと思っていた。ホント全く勉強しなかった。ところが、両親が大変心配していたので勉強に力を入れた。こんな私でも、一年間必死になって勉強をしたら、奇跡的に洲本高校へ入れたのだ。高校時代（昭和三十六～三十九）は、二年生の中ごろから、とても熱心に勉強をした。（交通違反で裁判所に授業中に呼び出され、人柄のよい担任の先生は驚いていたが）表向きは大層真面目な生徒で通した。だから文化委員長になったりした。音符もろくに読めない、しかも声変りをした私が、音程を狂わし、大声で恥ずかしげもなく皆の前で歌を歌った途端に成績が『三』から『五』（五段階評価の通知簿で五が最高点）になるなどという信じられない世界を初めて知った（歴代文化委員長は五の成績を授かっていたのだ！）。

これは表《おもて》の顔であった。

実際は、高校三年の時、友だちと海でボートに乗っていた時、潮に流され、あわや岩礁《がんしょう》にぶつかりそうになり、恐ろしくなって死に物狂いでボートを漕《こ》いで助かった。二人とも命が助かった。命拾いをしてホットシタ！

時安君とバイクに乗っていて、山の坂道で勢いよく転倒しましたが、またしても怪我《けが》もせず奇跡的に助かった、ココデモホットしたのであったが！　裏ではこういうことをしていたわけ。

いずれも親には言えなかった。いろいろと秘密（中・高時代は初恋等）を感じたのも楽しい時期であった。なんとか無事に高校生活を終えました。

受験時代であったし、危険な目には幾度も出合ったが、一度三〜四名でタケノコを取りに行った時に、見つかってオジサンに追いかけられたこと以外は、人様に一切ワルイコトはしていない。

プロレスラー並みの力があると感じたサルの腕力に負けないように、ほとんど毎日、校庭でウエイトリフティングをして（眼科医となった亡き溝上君と共に）体を鍛《きた》えることに励《はげ》んでいた。

中学に入学の時には、成績が四五〇人中二五〇番位であった。中三になるまで全く勉強はしなかったが一年間必死になって勉強をしたら、一一〇番以内でないと絶対に合格しないと言われた有名高校に受かってしまったのだ。それも、一学年三〇〇人中かなり上位で入学したようだ。というのも最優秀の進学組の一員となっていたことが分かったのですから！

ところが高校時代も二年生の夏まで、毎日がまるで日曜日か夏休みでもあるかのような、昼行燈《ひるあんどん》のようなぼんやりとした生活をしていたので、成績がどんどんと落ちた。担任の先生から、

「お前まえさんの入る大学は、このぐらいのところが精一杯やろうなあ！」と極めてレベルの低いというか、全国でも最低レベルの大学を指さした。眠っていても入れそうな所を薦《すす》めてくれた。

そこには進学したい気持ちがホントニ、全く起きなかった。それで、見損なわれたからカチン！と頭にきて、高二の夏からは、一年半の間、それこそ死に物狂いで猛烈に勉強した！　すると、またしても実際に信じられない事が起きた！　三つの大学を受験したところ、そこそこのレベルの二つの某有名大学に私が受かってしまった。

高校の先生はポカ〜ン？　と口をあけていた。私が二回目の挨拶：報告をし終わるまで口をあけたままだった。

私の実力を見損なっていた担任は『ホ〜ホ〜』とフクロウかハトの鳴き声のような返事であった。体育の先生は『あんた！　功殊勲やなあ！』と初めてことばを発してくれた。同級生はみんな、「ホンマニ？嘘《ウソ》ヤロ？？　嘘ヤ嘘ヤ！」と誰も信じなかった。自分デモ信ジラレヘンカッタンヤカラネエ！　しかし、両親は大変喜んだ！

今、一番気がかりなのは、母校の校歌は『八洲《やしま》の基《もとい》淡路島』と、国生みをシンボルとして詠《うた》っている

実に素晴らしい詩《うた》なのに、最近、祝日に国旗を掲げているのを目にしたことがない。先人先輩は「なんで？　どうなってんの？？」と嘆《なげ》き悲しんでいる事と思う。建学の精神を早く取り戻して欲しい。

筆者の同級生（高坂君）が洲本高校の校長を務めた時、彼に頼んだところ国旗を掲《かか》げてくれた。彼は立派でした。その年、夏の甲子園出場を目指す兵庫県予選大会で準優勝。

その後のこと、平成二十八年九月二十三日の夕刻、定時制課の運動会で君が代が歌われ、掲揚された国旗（二十九年九月の運動会にも）を目にして心から感動しました。

さて、我々同級生は、大学が休みの季節になると、母の通《かよ》っていた教会に通っていました。ところが、戒律が一番厳しいプロテスタントの自由メソジスト教会であったから、我々は隠れて遊んでいましたが、それは大変でしたよ。夏休みに遊びたい盛りの青年たち（私を含め高校時代の同窓生）は全員、煙草《たばこ》をぷかぷかふかしながら、徹夜マージャンをしていた（タバコの煙が充満すると、飛んでいる蚊がポトポトと落ちてくるのであった）。ところがある日のこと、通っていた教会の牧師さんに知られてしまいまして、日曜礼拝の説教時に沢山の人の前で大変厳しく叱られたことがあった。

大勢の皆の前で叱られたのが、とても恥ずかしくて、牧師さんに分る筈がないのに、ご親切に牧師さんに密告《みっこく》した人が居たのです。

「え!?　なんで？　どうしてよ？　そんなアホナ！」と思った。「告げ口などというのは全くけしからんな！」とカチンと頭にきて、反省するよりも、非常に反発したものです。我々の行いが悪いのだから仕方がないのですが、そういうことがあったので、私も友達も青年四～五名がそれ以来教会に行くのがひどくイヤになって、その日以来全員行かなくなったのでした。煙草を吸ってはいけない！　お酒も飲んではいけない！　と言われても聖人みたいな生活をするなどとても考えられなかったので、大変窮屈《きゅうくつ》な思いを感じたのだ。大勢の人々の前で頭からこれこれをしてはならないと注意をされると、恥ずかしくてそこに居る事ができないのですね。

牧師さんと同じような禁欲生活を当時の我々に求められても、それは無理というもの、とても出来る筈がありません。必死になって悪ガキが高校時代に勉強をしてきたものですから!!

受験時代からようやく解放されて学生生活はやっと自由になったのに、その頃に行儀や節制を強く求められてもそれは大層難しすぎると感じたのですね。もう少し教会に寛容《かんよう》さがあれば、私はきっとクリスチャンになって、キリスト教の普及に熱心であったであろうと思います。聖書の教えには、学ぶところが大きく、共鳴していましたからなのです。

今でもときどき聖書を紐解《ひもと》（本を開いて読む）きます。五〇年を経過した今日にも、有難いことに常に温かく呼びかけをして下さいます。年に二回、Xマスと父母の供養《くよう》も兼ねて、永眠者（亡くなった人）記念礼拝に参加させて頂ます。これは当時で言えば青年の反発心とでも申しましょうか？　若い人の大半は　皆そういう気持ちが生じるものではないかな？　と思います。

ですから、いまだに、そのことはいい思い出ではございません！　大勢の目の前で大声で叱るなど！　叱り方が下手であったとしか思えないのです!!　何故なら私は、陰で隠れて飲食するよりは、法律で許されている事だから、堂々としたほうが良いと思ったからですね。その当時は、とても自分をストイック（禁欲的に自分を厳しく律すること）にそこまで追いやることは、自分の本心を偽《いつわ》るような気がして、どうしてもできなかったのが実情です。

道徳的に自分自身をそこまで高められなかったのでございます。それから、善いこととは分っていても、若い時代にそれを強要《きょうよう》されると反発するものですね。

しかし一面、サルでもできる反省を、私たちは出来なかったと言えるかもしれません。全員サルよりも率直でなかった。ところが、厳しく叱ってくれたお蔭で、その後、他のいろいろな教えや宗教の勉強をする機会がたくさんできたのです。恐らく、そうでなければこのような書を記すことがなかったことでしょう。

そういう意味では大変有難いことであったと思います。人生や世の中のことを学ぶことは本当に大事なことですね。

二〇歳を過ぎた頃は何のために人生を生きているのだろうか？　などということはほとんど考えませんでした。ただ楽しく生きていけたら仕合わせであったからですね。極めて単純な人間でした。

今、自分自身を高めるために、道徳的という表現を致しましたが、そのことを少し考えてみたいと思います。これからの世界はより一層道徳的な世界へと変化をしていかねば、地球の温暖化現象並びに人類の欲望に基づく戦争・紛争等が生じることにより、人類がこの地球上で永久に生存することが不可能となるからなのです。

第二部のエッセイ集では古事記に関係しないテーマが多くなります。本書には、関西弁のコミックエッセイ『愉快なお話し』と、格別真摯《シンし》なカラクチエッセイ等が記されています。

（第一部に続いて現代のユニークな神々にもご登場頂きます）

筆者の人生、これまで歩んできた中で、深く記憶に残る思いを、赤裸々に述べてまいります！

さて、その後　仏教との出会いが多くなります。

家族や親しい親族や知人が次々と亡くなります。幾度《いくたび》、読経《どっきょう》を聞いていても、一体何を言っているのか、さっぱりわからない。

「間違ッテモ此ノ宗教ニハ入ッテハナラン！」と若いころは心に強く思っていたものです！

ところが、そうはいかないものですね！

ある日、住職にその意味を聞いてみたら、住職すら「全然分からない」と正直に申された。ね！　私に分かる筈はありませんよね！　表音《ひょうおん》文字を読経《どっきょう》するのだからその音には意味がないという。その私が、ふと気が付けばお寺の総代となっていた。

仏教聖典や、いろいろな仏教の本、特に「貧女《ひんにょ》の一燈《いっとう》」（大正新修大蔵経・第一四巻七七七頁、阿闍世王授決経《あじゃせおうじゅけつきょう》）や空海の事績《じせき》を記した本に触れて感激しました。『深い教えだなあ！』と関心を持つようになった。

仏教が音読する教典のことばの意味が分からなくても、今日、日本の最大の宗教となり得たその大きな理由は、仏の心と魂の偉大さと、その経典の音の神聖な響き（深い意義）にあります。

加えて歴史的に永年、仏の教えに深く帰依し、無心に修養を重ね、人心の救済に尽力されてきた多くの僧侶のその偉大な功績（仏・法・僧の力）があるからだと思います。

さきほども述べましたが、三〇歳位までというものは、今の私には想像もできないほど よく遊んでいました。麻雀《マージャン》・パチンコ・釣り・喫茶店通《かよ》い・ゴルフ・ボーリング・映画（洋画）・ドライブ等、ホントニ遊ぶことに忙しかった。遊ぶのは大好きでしたね。母には随分心配をかけたことを想い出すとき、大変申し訳なく思います。

このような私ですが、学生時代「英語」が好きな科目だったので、私は中学か高校の英語の先生になりたかった。大学二回生の時、外書購読〈英語〉のテスト（一〜二回生、全員対象）で最優秀になった。その理由は皆が勉強しない夏休みにソシオロジーの原書（英語の大判）を二五〇頁余り翻訳した時に、実力が身についたのだが、しかし親の強い勧めで家業を継いだのであった。私はよく遊んだけれども「肝心なことは（進学：就職：結婚等）親に素直であった！　ホントナンデスヨ！」私に忘れられない想い出がいっぱいあります。その一つを恥を忍んで申し上げます。

三〇歳のころ、私の店はブティックをしていました。店には美人のマネキンが三〜四体置いてありました。昼間はなんともありませんが、夜中に薄暗《うすぐら》い灯《あか》りのもとで見ると気色《きしょく》悪いですね！　ホントニ！

妻と母に夜十一時までに帰ると言っておいて、帰るのはいつも午前三時ごろ。

或る日の夜中の三時半頃、店に戻って早く二階に上がって休まなくてはと思い、シャッターを開けて薄暗い店の中に入り、蹴躓《けつまず》かないように階段の上がり小口へいきますと、そこにマネキンが置いてあったのです！

「誰やねん！　こんなところへマネキンを置いてからに、上がられへんやないか！　ホンマニ！　しゃないなあ！」と思いながら、それを取り除こうと手を出したら、そこに立っていたのは私の母親だった！「うあ〜！」と腰を抜かしてしまった。「真夜中に、じっと立っているなんて！　はあ…、ホントびっくりした」三一歳位までそういったことをしながら、よく遊んでおりました。それでもそんなことばかりのハチャメチャ（ムチャクチャ、という意味）な生活ではありませんでした！　昼間は仕事をとても熱心にしていたんですね。

今思い出せば、その頃（昭和四十五年〜五十五年頃）は、商売をしていてもホントニ不思議な時代でした。と申しますのも、バブルがハジケル以前は、『どうしてこんなに沢山、お客さんが商品を買って下さるんやろうか？』と思うほど、『信じられないくらい品物がよく売れたのでした』

今、振り返ってみれば《夢の、また夢！》（太閤豊臣秀吉が後年、難波の時代を懐かしく思い出して詠《よ》んだ詩《うた》の一説のような感じ）であった。

バーゲンで破格値セールという大安売りをした時のこと、その有様たるや壮絶なもので、開店前から、店のシャッターの前には何十人もの多くの人が行列をして、シャッターが開くのをお待ちくださいました。そして、オープンと同時に多くのお客様が我先にと、一斉にご入店されました。たちまち、ことばにならないほどすさまじい勢いで商品が売れていくのです！

お客さま同士が、我先に品物ヲ掴つかんで、両腕に一杯、抱え込まれてホンマニ、スゴカッタ!!　ホント！　セーターやブラウスの片腕を二人のお客様が引っ張り合い、奪い合いをされますので、私は「ブラウスが破れはしないだろうか？　エライコッチャナア！」と思うことが幾度かあった！

『何故？　ボタンの外れた上着や、片っ方の足にしか履くことのできないソックスや片手だけの手袋に、上下が揃っていない服まで、何もかも売れてしまうのやろか？』『この服はどういうふうにして着るの？果たして着ることができるのだろうか？　どこから首を通すのかな？？』と売り場のみんなが首をかしげるような品までも、何もかもが飛ぶように売れてしまうのでした！

五〇円・一〇〇円〜五〇〇円〜一〇〇〇円前後の値段ですが！　返品ガキワメテ、スクナイノガトテモ不思議デアッタ！　それにしましても、着られへんようなものまで売れるなんてね！　今から思えばトテモ、シンジラレヘン？？　不思議極まることでした！　ホント！　びっくりの神も『ナンデアンナ品物マデウレルンヤロカ？』トビックリサレハッタンデスワ!!　嘘のような出来事です。ただ、あんまり奇妙な商品を売っていては信用が落ちますので、傷物《きずもの》や中途半端な品物の仕入れ販売は一切止めましたが、全く信じられないような時代が一〜二年間あったのでした（約五十年ほど前のことです）。ともかく当時は、お店が大変繁盛していたのです！

筆者が青・壮年時代の頃には、教会に行ったり、学術書を貪《むさぼ》って読んでみたりといった一面、大層マジメなところもありましたが。

やはり、私が三十一歳のころまでの数年間というものは、麻雀やパチンコなどの遊びごとが大好きで、夜になるのが楽しみであった。

しかし、そのような遊び事をいつまでも続けられる筈がありません。また自分だけの楽しい人生などということも決してあり得ませんね。そのように気楽に遊んでいることを、人間として許されないときが訪れて参りました。

気づきの為の修養の時期というものは、誰にでも与えられるものなのです！　筆者は三十二歳の年になった時から、いろんな社会の荒波にもまれていくこととなります。家の内外で大きい問題に出合います。

今までに経験したことがない、家族の健康上・家庭上・経済上・社会の人間関係上で諸問題が、『これでもか！、これでもか!!』というほどに、どっと現れてきました。それまでの三〇年間、恵まれた環境にあった人間が急に厳しい事態に次々に直面しますと、その精神的打撃と申しますか、そのカルチャーショックは並大抵《なみたいてい》のものではありません。

或る日のことに、『あんたは大運天中殺の時期に入っているがな！』と占い師に言われましたが、長年、恵まれてきた者が味わう厳しさというものは、同じことであっても長年、苦労してきた人々が受けるショックに比べてより厳しく感じるものでしょうか？

はて？　さて？　本当にどうしてよいのか何も分からない！　顔も歪《ゆが》み、頭が変になってしまうほどの強烈な打撃（パンチ）を何度も受けてしまいました。面喰《めんくら》ってしまうというのが実感でした。天罰が当ったのです。

当然、身勝手な生活は出来なくなり、その頃から真剣に宗教やモラルを学び始めたのですが、それからも　益々ますます厳しい試練に出会いました。

家族の健康上のこと、親しい人々との人間関係、大きな経済上の問題などで、どうにも解決出来ない事柄がほぼ同時期に降りかかってくるものですから、両手で頭を抱えこんで困り果てていたのでした。一〇年以上の期間にわたり、そのような時期を迎えます。いろんな大変厳しい出来事に、次々と出合い、そのたびに私は目を覚まし、結果的に少しずつ真面目になっていけたように思います。

「辛い事があるのは己の心が至らぬから。苦しい事が多いのは己の心に神の心に添わぬものが多い時」とあります。(神から人へ上巻二〇頁)

約一五年間の苦難・苦労・試練の連続の日々をなんとか耐え、多くの人々のご指導とご協力を頂き、努力をしていくうち、徐々に運勢が変化していきます。お陰様で諸問題が次々と好転して、解決の方向に向かうようになりました。

《その間、神を信じ、委ね、真摯に取り組んでいる時、確かに神様のご守護を頂いているという清々《すがすが》しい喜びを　幾度もゝ感じながら歩ませて頂きました》その喜びを深く感じられたからこそ、辛い日々を乗り越えられたのでしょう。大きなご守護を賜り、また恵みを賜ってきたことに深く感謝を致しております！

そして、諸先生から人生の指針を学び、いろいろと分かってきたことでありますが、キリスト教も仏教も神道も皆、同じ宇宙の創造主(根本神)の教えから発していることが分かりました。ですから、どの宗教(神道は厳密には宗教ではありませんが)も行き着くところは大宇宙の神さまであります。聖人が現れた後に、その聖人(師)を仰《あお》ぐ優秀な弟子たちがその集団の教典を作りました。またそれからもその時代、時代に教祖《きょうそ》が現れては、独創的な解釈により、教理《きょうり》を生み出して、元の神さまの教えを数千年に及んで伝えて来ているのです。

このような私でありますが、父と共に伊勢神宮へお供を致しました。後年には（父が七十歳を過ぎる頃から、父は九三歳まで存命）伊弉諾神宮にお参りにいく機会が幾度かあって、次第に私は神話に興味を覚えるようになりました。私は、五十一〜二歳の頃に、商店街のお世話をしていました。街《まち》の活性化に取り組み、商店街で電気紙芝居「国生み物語」というビデオテープを制作しました。ところが、後で気が付いたのですが、我々のメンバーが制作した紙芝居の文章は、神話伝承の大家、出雲井晶《いずもいあき》先生の文章をそっくり無断で引用《いんよう》していたことが分かり、「大変、申し訳ない！」ということに気付きました。

（有難い事に、このビデオテープは、平成十二年に洲本市立洲本第三小学校の三年担当の女性教諭が教材に取り上げて下さった結果、いたずらっ子や落ち着きのない児童たち全員の目が大変輝き、多くの児童が大変感激し、喜んでくれたという電話連絡があり、児童達五〜六人が筆者の店に訪れていろいろな質問をしたり、とてもうれしそうに、飛んだり跳ねたり、体いっぱいに喜びを表して、感想を語ってくれるという非常に良い反響が現れました）

そこで、お詫《わ》びを申し上げる為に、東京の先生のお宅にお伺《うかが》い致しました。すると出雲井先生は、そのことには何も仰《おっしゃ》らずに、「神話の本を多くの日本の皆様のもとに届けられるようにと願っているので、ご協力ください」ということでした。

御叱《おしか》りを受けるものと覚悟していましたが、その逆に大変温かく対応して下さり、先生の神話記念館までご案内下さいました。神話のお話を詳しくご指導下さり、さらにまた「淡路にも講演会に行ってあげましょう」ということでした。「本当に立派なお方は全く違うものだなあ！」と深い感銘を受けました。そのことがきっかけとなり、出雲井先生の講演会を淡路で開催する機会が生じました。（平成十二年の夏に市民会館の大ホールで行われ、約八百名の参加）その後、幾年か経ちました。

出雲井晶先生の晩年のことと存じますが、私宛てに「日本の神話伝承委員に任命します」というお葉書を頂いたことがあります。

私はそのとき、「これはどういうことなのであろうか？　有難いことですが、誠に不思議なこと？」という思いをいたしましたが、詳しくお尋ねをする機会を逸《いっ》してしまったことは誠に申し訳なく、今、とても残念に思っています。

そういうこともあって、神道を学んでいくうちに教典も無いし、普及活動もしないのに、どうして神道の心が日本人に息づいているのか大変興味を持つようになった次第です。

洲本の神社には重要な伝統文化が伝承されていると伺《うかが》っています。最近になって　我が国で最初にできた書物を学んでみることに何時《いっ》の間にか強い関心を持ち始めた次第です。

さて私の家では、子供が生まれた時は家族揃《そろ》って神社に初詣《はつもうで》を致しました。次に、結婚する時にはキリスト教会で結婚式を挙《あ》げました。

やがて家族が亡くなった時にはお寺でお葬式《そうしき》を致しました。これが我が家の冠婚葬祭《かんこんそうさい》のスタイルなのです。

主要な宗教が全部うち揃ったスタイルで生活をしているわけでございます。

この話をすると、殆どの人は笑いますが、ポカ〜ンと口を空けて呆れている人も多いのです。デモ、ホントだから仕方がないのです！

「なんという節操の弁《わきま》えない、ええ加減《かげん》な家であることか！」と思われることでしょうね！　友人からもそのように言われましたが、我が家では親の代から自然にそうなっていたのです。結構祭事が多くて楽しいことも多いのですね。私にはいずれの教えも大変大事なものであると思います。

いつも、少し忙しい日々ではあります！　それでもこのスタイルが我が家では何事もなく、家族が楽しく平穏《へいおん》であることを想います時、それが一番ありがたいことでありまして、文字通り八百万《やおよろず》の神々が息づく家庭であることを深く感謝をいたしております。全く違和感《いわかん》がないのです。そこで、よく考えてみました。恐らく私自身の魂を導く神々さまは、この世界で異なる聖人の教えを学ばせて頂くように宿命的にその機会を与えて下さったものと思えてきます。何故なら自分の意思で、はっきりと決めようと思ったのではなく、自然にそうなっている。たまたまこのような出合いを賜《たまわ》りましたことを考えますと、それ以外に考えられないように思われるのです。

人生の、そのときどき（幸運な時・不運な時・厳しい試練の時など）において、私はその出合い（霊的団体＝宗教団体）がどうしても必要であったとそのように思えてきます。多分、他にも別の意味合いもあることと思います。

これまでの歩みを振り返ってみて

ここからも、筆者自身、学びの途上での事柄などについて、自分がこれまで歩んできた人生を振り返ってみて、心に感じたことを率直に記していきたく存じます。

自分は、今日まで長期にわたり、宗教や倫理・道徳を学ばせて頂けたそのお陰で、不十分ながら諸恩人にはできるだけ奉仕を心がけるようにしてきたつもりでありますが、振り返って自分自身をよく見つめてみると、本当に不行届きなことが多く、申し訳なく思うことがあります。

両親の建康回復の為に走り回ったことなどを想い起せば、気遣いが行き届かず、父を車に乗せるだけでも、父の体調を慮《おもんばか》れず（気配りができない）にいろいろと失敗をしてお叱りを頂いたものでした。父は人前でも遠慮なく大声で怒るものですから、幾度も恥ずかしい目に合うような事がありました。後で（父は）自分自身の怒りの激しさに気が付いて苦笑していたという愉快な一面が幾度もありました。

晩年、父はいつも自宅のベッドで寝ていましたが、常識では考えられないような発想を致しました。例えば、ベッドに呼び鈴《りん》とかベルを取り付けて用事がある時はそれを鳴らして家族を呼んでいました。また、どう考えても私達に出来そうにもない無理な用事を頼まれた時には全員が頭を抱えました。それでも、どうにか出来はしないかと、みんなに手伝ってもらい、取り組んでみると、ハチャメチャ（＝無茶苦茶）になってしまうようなことがあって、幾度もお腹《なか》を抱えて吹き出したくなるようなことがあったのですね。

ウグイスの鳴き声の録音騒動。担架《たんか》で病院を脱出（友人に手伝ってもらう）。開業ホテルでの出来事。

温泉旅行・レストラン巡《めぐ》り・両親の病院通《がよ》い。高速道路上でのハプニング。フェリーボートの乗船中、不思議な珍現象に出合うなど、いろいろとTV喜劇のドラマを家族全員で演じているのではないかと思うような出来事が沢山ありました!!

その都度、ベッドから車椅子に父を乗せ、乗用車に乗せ換えてから出かけます。ただ、なんとかして後に悔《くい》を残さないように、その時は父の望み通りにできるだけのことをさせて頂こうと努力をしていました。

とは申しましても、私達の体が疲労困憊《ひろうこんぱい》してきました時には、「果たして、いつまでこの状況が続くのだろうか?」と妻に話をしたことを思い出します。

しかし、自分たちが高年齢になってきた最近では、そのような思いをもって話し合ったことを本当に申し訳なく思います。

『あのとき、もう少しうまい具合にできたら良かったのに!』と思い出すことがあります。

母の晩年のこと。今、自分自身の人生を振り返って見れば、幼少(三~九歳の頃)のこと、私の兄弟姉妹の全員が胃腸が弱かった。紙芝居《かみしばい》のスルメや水飴《みずあめ》を食べては、他の友人達は元気なのに、私と妹は直《す》ぐに大腸カタルや伝染病などの大変重い病気に罹《かか》り、ひきつけを起こして、母にかつがれて病院に駆《か》け込んでもらったことが幾度もありました。当時のことをよく思い出します。母は晩年に、テタニーという神経系統を病む病気に罹《かか》りました。その治療を受ける為に淡路から千葉の成田まで温熱療養に家族・兄妹で案内を致しました。

その時には、奇跡的に健康を回復しまして、家族:兄弟の皆は、感動も深く、大喜びをしたのですが、母は、その後まもなく（平成二年四月二日・祖母と同じ祥月命日に）亡くなりました。

　母は病弱だった私の命を救ってくれたことが幾度もありました。それにも関わらず、私が母のために、母の健康回復に努力をしてきたことは全く行き届かないことを申し訳なく想います。

　若い時、魚釣りやドライブなどに出かける時、無理を言って母親に叱られ、人一倍心配性な母に格別大きな心配をかけてきたその数は数えきれません。のみならず、我が子を気遣《きづか》う心配症の母親に、うっとうしい思いを抱いて反発し、口論するようなことも幾度もありました。それは恩人に反発する（反骨精神の強い）ような思いだったのです。本当に情けない人間であった！　ところが、このような自分でも一心に我が子の無事を神に祈っていてくれた、必死に我が子を守ろうとする慈母《じぼ》のその姿を想い起こす時に、本当に申し訳ない思いが出てきて、知らぬ中《うち》に涙が頬《ほほ》を濡《ぬ》らしていることがあります！

（父の晩年のこと。私が会社に出かける時、父は毎朝、私の背後で、私の無事を、両手を合わせて祈っていてくれたことは、私自信には全く分からなかったのですが、たまたまその様子をご覧になった私の先輩：伊賀斌彦《としひこ》さんから、そのことを教えて頂きました）

　本当に親とは有り難い存在ですね！　もちろん、心配をかけただけではありません。親を大変喜ばせたことも幾度かありましたが、しかし今、静かに振り返ってみますと、親には心配をかけてきた事のほうがはるかに多く、いくら親孝行に努めても、それは後から思えば全く不十分であったことのほうが多いのです。受けた恩のほうがはるかに大きくて返しきれないのでありますね。父親の晩年、自宅での（約八年間の）介護には、妻と家政婦さんが中心となってお世話をしてくれました。身近な周囲の皆様にもお世話になりました。姉はよく父の食事を作ってくれました。神戸の妹は父の入院先の病院まで通い、食べ物を始め、いろいろと父のお手伝いをしてくれました。

私どもの会社は、住宅関連の小さな会社ですが、社員は皆、有難いことに何事にも大層よく尽くしてくれました。現在でもとても社長思いの人々です。

そのような人々のいろんな協力や援助があって、はじめて親に喜んで頂くことができたように思います。

両親がこの世を去ってよく思う事でありますが、家族・姉妹・従業員ほど有難く、大切なものはありません。特に妻には長年にわたり多大な苦労をかけて誠に申し訳なく思います。心から有難く深謝《しんしゃ》をしています！ そして、いろんな苦心はありましたけれども、それでも父・母（母は早世（はや死に）したので、十分に尽せなかった…）には喜んでもらおうと、真剣に取り組めたことは 結果として楽しい、充実した日々をたくさん頂けたように思います。それは本当に有難いことでした。昭和五十五年に父が前立腺腫瘍を患《わずら》って大阪の府立成人病センターで手術を二度受けました。以来約一二年間、洲本から大阪まで車で通いました。始めの二年間は毎月、後は二か月に一度、淡路フェリーボートに乗って須磨港に渡り、阪神高速道路を通行して大阪まで通かよいます(明石海峡大橋が無かった時代のこと)。その間、実に不思議な事に沢山たくさん出合いました！

そのうちの一つ、私の心がけの悪い日には、阪神高速道路上で車がパンクをして、まさに命の危険を感じるという大変な目に出合ったことがあります。それとは逆に、心がけが良かった時のこと「どうせ行くのなら、父に喜んでもらおうと思い、父を車に乗せて病院に行った時のこと、実はそのときにも、車がパンクしたのでありあります。しかもその時はフェリーボートの中であった。私の車が最前列（先頭）

に止まっていたので、私の車が動かないと、後ろの数十台の全ての車が外に出られないのでした。タイヤがパンクしていたのを発見したのは、須磨港に着岸する三分前のこと！『これは、とても間に合わない…万事休す』と頭が真っ白になり観念したところ、後ろのトラックに乗っていた運転手と助手の二人（パンクを発見してくれた方）が、親切にも助けて下さるということがありました。二人が魔術師のような早業で修理をして下さったのでした。本当に有難かったですね！

僅かでしたがお礼をして、私が運転席に戻ってハンドルを握った瞬間に、出入口のゲートが開くという、全く信じられない奇跡的なことが起きたのでした。

また、高速道路上で、凄い勢いで私の車に後ろから迫ってきた外車（ベンツ）があって、私は一瞬、非常に驚いたのですが、私の車の後部座席が半ドア状態になっていたことをベンツに乗ったヤクザ屋さんが窓を開けて大声を出して実に親切に教えてくれるということがありました（ニッコリホホエンデ、手ヲフッテクレタノダ！　信ジラレナイヨウナ出来事デアッタ！）。

父を車椅子に乗せてデパートや飲食店などに行くとき、いつも出合う人々が道を譲ってくれたり、親切にドアを開けてくれたりすることが実に多いことに気付きました。『日本人は高齢者や体の不自由な人には大変優しく親切なんだ！』ということが本当によく分かりました。

父を車に乗せていろんなところに行きましたが、行く先々でこのようなことに幾度もゝ出合ったのですね。実に不思議としか申せないのでございます。

父が危篤になった後も不思議なことがありました。それは平成十三年十一月十九日（私がある団体のお世話をして伊勢参拝をした日の翌日）のこと、伊月病院にかけつけて、夜一〇時頃から約六時間ほど、回復祈願の為、父の手を握り、大祓の詞《にぎ》《＝紳拝詞に記載されている》を読み上げていますと、その間父の脈は（心電図の波形が）はっきりとありましたが、私が家族に状況報告の電話をする為、部屋を出た（父の手を放した）時に、急に脈がうすれてきました。やがて静かに目を閉じたのでした。その時、父はとっても平穏な、安らかな寝顔でした（平成十三年十月二十日、九十三歳）。

その日、太郎にそっくりの先代のゴンという犬は、朝から一日中泣いていました（愛犬は主人の死期を悟るのであろうか？）。

父はゴンが大好きでした。毎日、車椅子に乗り、犬小屋まで行ってゴンに餌を与えるのが楽しみであった！　父の健康が大変気になりながら伊勢参拝を致しましたが、父は私が参拝に行くことをとても喜んでくれました。戦時中に二度召集され、中国方面に従軍した父は厳しい一面を持っていましたが、いろんな重大な事柄が生じても泰然《たいぜん》としたところがありました。

神様は父の臨終にきっちりと間に合せて下さいました。そして『親しい人々がお見えになる葬儀の日は暖かい日であれば有難いのですが！』と想っていました。

奇くしくも、洲本の辨天祭りの日（三日間の辨天祭の間、一日は必ず寒い日が訪れるのが例年の気象現象であった）。ところが、その年は十一月の二十日を回っているのに、その後の約六日間、とっても穏《おだ》やかな暖かい日が続いた。実に不思議な天候が訪れた年であったことをよく記憶しています。

父は苦労と苦難の連続の人生を送りましたが、それを神様は温かく包み込んで下さったようでございます。辛い出来事を大自然の摂理がやさしく迎え入れて下さったのでしょう。

〔父を最後まで看取ることができた後のこと、私には何とも言い表せない神秘的な、ほのぼのとした心情が生じてきました〕

このような貴重な思い出が随分《ずいぶん》ずいぶんたくさんできたのですから、そのことは今考えてみれば、大変恵まれた幸せなことでした。不十分ではあったけれども、大きな悔いが残っていないことが、有難く思います。

母は私が四十四歳、父は五十五歳の時に亡くなりました。

（筆者の母校の恩師であった脇先生が話された「幾つの年になっても親の逝去は辛いものだ」ということばを思い出して、痛感いたしました！）

このように　悪ガキで親に随分《ずいぶん》と心配をかけてきた私のような人間でも、神さまをはじめ多くの恩人に見守られ導かれ、後年、徐々に真面目な方向に歩ませて頂けるようになったことを、実に有難いことであると思い、以上のようなことを記させて頂きました。

もう既に亡くなってこの世にいない恩人の皆様には、直接お返しをできないけれども、周りの人々にその御恩をお返しすることが大事であるということを教えて頂きました（恩おくりと云《い》われます）。

最も尊重せねばならない親に幾度も反発したことがある私のような人間にでも神様は温かく見守って下さいますことを誠に有難く、日々感謝の心とことばを衷心《ちゅうしん》（まごころ）からお捧げ申し上げています。

『人の心の安らぎは、神の存在近くに感じ、守らることを信じる時なり』と、神誥記にありますが、『神様に守られていることを実感するとき、私たちは最も心が安心で落ち着くことができる』という教えがあります。

多くの恩人と家族・親族・社員の皆さんを始め、私の周りの人々のお蔭には心から深く感謝をしております。少しでも御恩返しができればと、真に微力で、日々、失敗することの多い自分ですが、目下いろいろなことに取り組み、努力をさせて頂いているところです。

感謝のことば

皆様には最後までお読み下さいましたことを衷心《ちゅうしん》から感謝申し上げます。本書で記しましたように、子供時代、青年期にはハチャメチャ（シッチャカメッチャカ：ムチャクチャ）な生活をしていたこのような筆者でありますが、神さま、親、ご先祖さまを始め、社会の多くの方々のご指導を賜りましたお陰で、少しずつ普通の人間に近づくことが出来ましたこと、口幅ったい表現乍ら、高年時代を迎えて、敬《けい》けんに書を書けるようになれましたことは、誠に有難いことであり、望外の喜びに存じております。

作品は不行き届きなところが多々ありますが、此度、「日本の心とことばは、宇宙の真理」についていろいろと楽しく学べることが出来て、著述ができましたことを心より有難く思います。ただ、最後に一つ重要なことを申し上げたいと思います。

それは、人類と地球と宇宙の全生命にとって安全で安心して生存できる（時代）世の中を迎えるまでには、今後も様々な反対勢力やそれを妨害する悪質な勢力及び集団が必ず現れて来るということであります。恥ずかしいことですが、現在、外国人技能実習労働者に対するひどい虐めや、卑劣な振り込め詐欺など、日本人の素直さ真面目さを逆手にとって悪質な強盗殺人を実行するグループや、日本人とは、とても思えないほどの凶悪行為をする集団、さらに世界中の富を独占しようとする勢力もが存在している。遂には、神の名を騙《かた》って悪事を働くような組織・団体まで現れてくる有様でございます。

以上のようなことを　私達人類が心して備えていなくてはならないのであります。神の力を減じようとする勢力が宇宙間（この地球上）に数多く存在しているのであります。現在は、未だそのような神の力に正面から堂々と反対する悪しき勢力が平定されている状況ではございません。今尚、この世界には、それらの勢力によって様々な問題や弊害が生じているのです。

理想的な神の居ますが如き世界を実現していくということは、想像を超えるほどの困難な事柄ですから、意を徹底的に強めていなくてはならないということでございます。戦争も紛争も簡単に始まります。ところが、平和で安心な世界を打ち立てて存続さすことは実に困難なことでありますが、それこそ真に意義ある尊い事なのですね。そこで、重要な文章を次に記述致します。

人々が発することばを美しく、愛の心と行い（祈り）を進化させていく時、自然に多くの人々の魂が浄められていきます。そのことは世の中の波動を清らかに浄めていく事に繋がり、地球と人類の救済が可能となっていきます。明るい未来を思い描いて真心籠る祈りが必要となります。その祈りを宇宙世界に広げる意識を大きく持つとき（真心こもる祈りの奏上は光、即ち）神へと通じ、悪しき勢力は駆逐《くちく》され、やがて宇宙が清まり、全てが良い循環に戻ります。

神のみ心に適う人は神の御力《みちから》を発動できます。神の願いを現せるように一人でも多くの人々が尽力をする事が、今強く求められています。それは日本人が世界の人々を救うことに繋《つな》がります。

政治も教育も、国民の幸せと繁栄も、又世界の平和などの一切のことは　清らかなことばの力（神秘的エネルギー）によって実現されてまいります。

世界の民族の心や諸文化が自然に融合されて、調和のある世界を実現させる趨勢《すうせい》が働きます。その有様は徐々により良く実現していくことになります。


右枠内の文は、神様からの啓示文（ひふみともこ先生の書記）を解釈したものであります。

第一部でも記しましたが、今日の地球上の世界では、様々な病原菌や、戦争や、紛争が生じており、アマテラス様が天の岩屋戸に御隠れになってしまい、世界中が真暗な闇夜の如き状況になってしまったことに似通《にかよ》っています。そこに、アマテラス様が岩屋戸からお出ましになるとき、世の中に光が顕われ、地球上の全人類が助かることになったというご事績に学び、日本国が世界に光をもたらす国であることを顕わしていく役割が建国の理念として定められていることを想い起して頂きたく思います。

未来の人々にとって、最悪な事は、今を生きる人々が何もしない事であります。日本は言霊の幸和《さきわ》う国です。その力を信じ、今から力強く努力していくことが私たちには求められています。

換言しますと…、真剣に努力した結果に悔いが生じることよりも、何もしなかったことを悔いることのほうが、より残念な後悔となり、倫理・・道徳的にも罪深いと言えるのであります。今の多くの日本人はウクライナの人々のような侵略して来る外敵から祖国を守る気概は全く不足していますが…。

しかし、それでも、勇気・・信念・・ガッツ・・純真な魂と心を持って、決して諦あきらめずに希望を持って真剣に努力するとき、「日本人は大変素晴らしい民族であることが証明される！」という事を申し上げたく存じます。

今の考え方、「情けない国でも仕方がないのだ！　それで良いのだ！」というその思い込みを「これではいけない！」と気づき、その考え方を一端変えていくことができるようになりますと、日本人が世界に羽ばたき、そのリーダーシップが発揮できるようになります。

出雲井晶先生もご指摘されていましたが、日本人の魂というものは、「二〇〇〇年以上に渡って、君も、民も共に深く培われてきた清明心や、大和《だいわ》の心というものは、戦後四〇年~五〇年程度の、期間に実施されてきた悪しき教育によって、消え去るということは決してありません。

一時的な洗脳によって曇った心に陥っても、日本人魂は力強く甦《よみが》えるものであります」と述べられましたこのことを、一言付記いたします。

無謀な諸外国の理不尽な侵略行為や様々な暴力に対しては、毅然と対応していくことができなければなりません。現在の政治家も官僚も各企業人も、その他、多くの国民もが、しっかりと対応できないことが日本の国を危うく致します。

世界人類の恒久平和を目指す日本国・日本人が勇気のない国民であってはなりません。もっと勇気と毅然《きぜん》（意志の強い）とした対応力を培う必要があります。何故ならそれは神様の心に反しているからなのでございます。

神様は慈愛の心、平和を最も尊ばれますが、その前提には宇宙的公正さというものが無ければ、宇宙世界の全ての命の生存も、その進化・発展もが進まないからであります。それを神様は大層に危惧《きぐ》されているのでございます。

「日本人は古来よりの精神を覚醒《かくせい》させて、どうかもっともっと、しっかりと自立をして歩まれますように。世界の人々を、文化や宗教、言語や生活習慣、さらに肌の色などが異なっていても決して差別しないように、多くの違い・異なる面を受け入れて頂きたく存じます。

大和の精神で、大らかに受け入れる度量を最大限に広げて下さいますようにお願い致したく存じます。それは、宇宙の真理を実現する神様のご意思（大自然の摂理）に叶うこととなります。上記のことが今、私達日本民族に最も求められている事なのでございます。日本の為、世界の為、宇宙の為に、そして、何よりもご自分とご家族や親しい人々の為にも、どうか強い勇気と使命感、大きな愛と希望をお持ちいただきますように、心からご祈念を申しあげたく存じます」

ふと、足元を振り返ってみた時のことです…。

令和三年九月より、淡路島内では、南あわじ市に一か所、〔洲本の自宅から車で約40分要する停留所に、洲本方面から香川県方面に行くバス便が一日三便程度（予約が必要）、乗車しにくい急な上り階段が設置され、高齢者と足腰や心臓の弱い人には格別厳しい南淡路市にある高速道路上〕のバス停ですが、体力の壮健な人のみが乗車できるようになりましたことは、淡路にとって格段の進歩として受け止めなければなりません？　感謝?!

さらに！　第一・第二巻を記述（平成二十六年一月より令和五年一月）後、再び淡路島を見つめてみますと、三熊山のゴミ投棄は減少し、国立公園としても、とっても美しくなりました。感謝申し上げます。翻《ひるがえ》って！（考えてみるに）

本書の始めのテーマは〔宇宙の真理を現わす日本の心とことば〕でした。

換言しますと〔日本人の精神（心）とことばには宇宙の真理が強く宿されている：真理が働く〕という意味であります。そして具体的に申し上げますと、日本語には宇宙の神秘的な力、即ち神の心とことばを表す力（言霊）が働いているということになります。日本語は、言霊（神の力：人知を超越する働き）という神秘的な力、人間の世界では、《実に不思議！》としか言い表すことが出来ない力が働く言語です。ここに本書の中で最も核心となること、即ち宇宙生成に秘められた神の思いと祈りが次のように顕わされています。

（第一部の『古事記に学ぶ日本の心とことば』で記述したことでもありますが、その一部をご参考に記させて頂きます）

> 日本人は言霊が宿る尊いことばに親しめる国民です。恐らく世界でも希少な（稀《まれ》な）民族なのでしょう。（中略）
>
> ひとことのことばを発するときに、そこには宇宙の根源から常に流れてくる妙なる調べ（大層美しい調べ）＝神の御意図を顕わす調べ、いわゆる言霊が生じて、その働きによってエネルギーが発生し、ことばの持っている意味の通りに清めの力（神様が発する波動の力）が働きます。即ち、霊力《れいりょく》（ことばに宿る神の力）が顕われます。
>
> たとえば、澄み切った明るいことばには、美しく明るいことだまが響き、心と魂の汚れが浄められます。また、汚れた暗いことばからは、力の弱い淀んだ言霊が響き、心と魂を暗く汚してしまいます。人が他人の幸せや健康を純真な心で、神に縋《すが》り、衷心《ちゅうしん》からことばを捧げるときには、不思議な力が働きます。真心籠る祈りを捧げ、他人《ひと》の〝幸福〟や〝病気の回復〟にことばを発し続けるうちに、他人《ひと》がやがて幸せな方向に向かいます。病《やまい》の回復も、実現することがしばしばみられます。
>
> そして、人が自分の過失について、神様に真摯《しんし》にお詫びのことばを発して許しを請《こ》う時には、悪い出来事や汚れていたものを洗い清めて下さる力、即ち神様の霊力である言霊が及んでまいります。
>
> 眼には見えない筈《はず》の汚れた人の心が、全て神様の（御心＝御鏡《みかがみ》）の前に映し出されて、そのまま清めの霊力により、映し出されたものが綺麗に浄められ、洗われ（祓い浄められ）て、罪、けがれ、災難などから護られていきます。

しかし、汚れた心の状態のままで発する汚れたことばからは、浄めの力は生じません。宇宙間には、時空を超えて、瞬時に際限なく（どこまでも）伝わるという不思議な力（仕組み：真理：法則）がこの大宇宙に存在しているのでございます。

次に、読者の皆様に『言霊：祈り：波動：神様の願い』などにつきまして、『神から人へ　下巻』（ひふみともこ記）に記された原文を現代語で記させて頂きます。


【この世が造られた太古の昔、神はこの世に波動を与えた。一つの波動には一つの祈りが込められた。神は次々に波動を起して、神の祈りを全て叶えたのであった】

【そのようにして、地球も宇宙も生まれたのである。神は全てのモノに波動を留めた。神の祈りを、願いを、夢をもこの世に伝え、残しておきたい為に、神は祈りをことばとして顕わし、この世に降ろしたのである】

【人は波動というものを神から授かった。

それは、神の尊い想いが込められた大変有難いものであり、ことばには言い表せないほどのこの世に唯一の最高のものなのである。

神からの数多くの恵みの中でも、最も優れた奇跡の一つなのである。人間の最高の英知を結集しても永遠に創ることが不可能な、有難くて畏《おそ》れ多い仕組みなのである】

【宇宙界に存在する全ての素となる波動というのは、言霊のことではありませんか。そう、ことばのことなのである。ことだまをもって唱えるならば、人も奇跡を行えるのである。

神の祈りと調和（一致）する祈りの波動というものは高まっていきながら広がっていくものなのだ】

【祈りの中に込められている神を目覚ましなさい。起こしなさい。甦《よみがえ》らせなさい。人の世界に見えない力を本当の（真の）力を興し現わしなさい】

【神の祈りの通りに、人を豊かに富ませて、栄えをもたらす真の思いをことばにこめなさい。ことばと思いと力と光。それらの全ての元には波動があるから、正しい（清い）波動は力を発揮するであろう】

【思いの気高い波動（ことば）を発しなさい。思いの清い波動（ことば）を発しなさい。全てを浄めて改善する正しい波動でこの世を覆《おお》いなさい】

【光りの速さでこの世を浄め、思いの強さで、全てを禊《みそぎ》なさい。思いの低く、弱いものでも、集まり合唱し、共に祈れば波動は高まり、強められ、浄まり、広がっていくことであろう】

【いくら止めようとしても、止められない仕組みが起きるであろう。一たび神の仕組みが始まれば、人は神に一切をお任せして委ねる他ないのである。全てが仕組み通りに働き、滞りなく、休むことなく循環して宇宙は回るであろう。人の知恵では測ることができない仕組みを、宇宙の原理の大元を神は明らかにしてお示し下さることであろう】

ことば：言霊：波動などの、宇宙の神秘について、また、地球上に浄らかな世界が出現することについて、神様が詳しくご説明下さるお話につきまして、読者の皆様には　どのようにお感じになられましたでしょうか？

本書のテーマ「宇宙の真理：日本のこころとことば」につきまして、筆者の想い、（即ち、これまで記してきました記述文）が、【ストレス社会を生き抜く為のエッセイ集】として、皆様にとって少しでもお役立ち出来るものとなっていますと幸いに存じます。
さて、終わりのご挨拶は不十分ながらも、宇宙の真理を導く宇宙の創造主：神様の御心を拝察、深慮致しまして、次のことばを、お捧げ致したく存じます。

結びのことば

私達は日々の生活において、いろいろと過ちや失敗を重ねます。そして、そのことに悩んだり、苦しんだりします。大きな過失を犯した時には、人生に躓《つまず》いて絶望感すら感じます。人間というものは実に精神的に弱い存在です。ところが神様は、「それでもよいのだよ！」と、そのような弱い人間でも、本当に力強く愛して下さるのです。

「あなたのすべてのもの一切が神の前には、大変尊いものなのだから、神はあなたの一切を愛して、尊んでいます。過失や不幸な出来事には、極端に落ち込まないで、少しずつ、一歩ずつ、再び歩み始めて欲しいのですよ」と深い慈しみのことばを、私達の耳には聞こえませんが、心に届くように魂に響くように与えて下さいます。神を信じ、努力を重ね、無心に神の御心に委ねていくことがとても大事でございます。

ここで申し上げたいことは、《宇宙の真理（神様のお話）を学ばれたとしましても、人生を歩んで行く目標を余りにも高く設定されることは、私達にとって好ましいことではないもの》と存じます。

自分自身が、これならば実行が可能であると思える目標を定めまして、日々、着実に歩んで行くことが、神様からご覧になられましても、お慶び下さることであるように存じます。千里：万里の道も始めの一歩から、無理をしないで、力まずに歩むことが非常に大事なことであると思います…。

自分自身に与えられた道を疑うことなく、ひたすら真心をこめて歩んでいくとき、神様は必ずその人を篤く、深く御守護を賜って下さいます。どうか、神様の御言葉《みことば》を、お信じ賜りまして人生を歩まれますように！　皆様におかれましては、いつまでも若々しく心身共にご壮健でありますことを衷心《ちゅうしん》から祈り申し上げます。

私達は全員がいつの日か、今世での終焉《しゅうえん》の日を迎えますが、（本書で記しました通り）そのことは新しい来生（次の世）への旅立ちですから、（神の霊は不滅です。その分け御霊である人の魂も不滅であります）いつまでも悲嘆にくれることではございません。

この意味につきましては　七四頁の神・霊・魂が存在することと、宇宙の真理及び、末尾の補足資料①、②、③をご参照下さいますように。

人の魂には　次元の異なる世界にあっても、お一人お一人が神様から、必ず篤いねぎらいと慶びの御ことばが与えられ、お聞きになられることと存じます。どうかご自身の清らかな魂をいつまでも保持されますことを御祈念申し上げます。

これからも、神さまが導かれます（光の導しるべ）を皆様の御魂が歩まれますように、御祈念申し上げます。

そのように、努力を継続される皆さまには、たとえ如何なる試練や困難なことが待ち受けていても、如何なる現象・事象がこの世に生じて来ても、また、如何なる不安や、悩みに襲われても、必ず神様は貴方（貴女）を言祝《ことほ》がれ（喜びや祝いのことばを発すること）、その御胸の中にあなたを抱かれまして、あなたの魂に永遠の幸をお与えくださることでしょう。

幾世にも希望の溢れる人生をお迎えになられますようにと、神様は分身である全ての人間の魂に大きなエール（応援の声）を送られています。

今後も、ことば：言霊を益々大事になさいまして、神さまに素直に謙虚に感謝のことばをお捧げになりますと、皆様の魂は、尚一層、光輝《ひかりかがや》かれ、神さまの御守護が益々厚くなられます事は疑いのないことと存じます。

皆様には、長文の文章にも関わりませず、最後までお読み頂きましたこと、並びに、難解な文章が含まれた本書のエッセイ集をご拝読賜りましたことに赤心（真心）を込めて、感謝の思いをお伝えさせて頂きます。本当にありがとうございました。

お詫び

自分が人生上で最も辛い事に出会ったことと、幾度も讒訴《ざんそ》（目上の者にありもしないことを悪く告げられること）をされたこと等につきましては、熟慮を繰り返しました所、当事者が存命し、その団体も存在している事、並びに社会的な影響等を鑑みて記述をすれば、本書の趣旨にそぐわなくなると判断致しました。その様な訳で記述を思い留まった事をご報告させて頂きます。

そしてまた、我が故郷、洲本市のことについても、書き記したい多くのことを書き控えたことをお詫び方々ご報告いたします。何故かと申しますと、書き上げた記述文の中には怨嗟《えんさ》に満ちた文言が記されていることに気づき、自分自身が大きな違和感を覚えるようになってきたからであります。

もう少し具体的に申しあげますと、ひふみともこ女史（東京大学文学部卒：文学博士）著の『続神誥記』という本の一八二頁に記された文章を読んだときに、『今の自分の考え方：心の有り様では、これではとても神様の御意志に叶うようなことができない』と痛感したからであります。その文章に心の底から深い感激を覚え、自分の御魂に気付きを与えられたのでありました。ご参考に記したく存じます。

『神は次にはさらにも厳しく、最後の通告、出さんとせる。なれば、今よりさらに急ぎて、世界の人にも先駆けて、先ずは阿波より始めるがよし。阿波より始めは、日本の初め、そが広がりて日本を浄め、世界に広がり、地球を救わん。困難多き、苦難の道なり、なれど一人一人が働き、己のみ役を全うせなば、まだ間に合わん。現実化せん。

淡路は国の始めの元なり。淡路が示してことを興せよ。小さき火にても広がりて、必ず世界を覆《おお》い尽くさん。一人一人が火種となれよ。小さき灯火《ともしび》、光りとなれよ。慌て急ぎて焦ることなく地道な働き、行いゆけよ。

神の願いは叶えられん。人の行う努力のあらば、神の祈りは実現せんを。

神も信じて見守らん。神は委ねて、任せおかん』(中略)

日本の未来は世界の未来、日本を支え、作り替え、明日の日本を築いてくれよ。次なる日本を担いてゆける真《まこと》の種を蒔《ま》きてゆけ。


このような実に意味深い文章でした(上記文章は神様からひふみともこ女史に下された啓示文です)。従いまして、皆様には誠に失礼な報告で申し訳なく存じますが、私がその内容を記述できる範囲はここまでが、限界でありますことをご報告し、お詫びのことばにさせて頂きます。むしろ現在、『そのような廃《すた》れ行く都市をどのように支え、発展できるように貢献していくことが出来るだろうか?』ということに思いを切り替えて、尽力していくこと(神の心に僅《わず》かでも叶えるような想い:自分をよりよく変化させることへの勇気を強め、英知を磨いて取り組むこと)を困難であっても、今後の我が生き方のモットーとしたく思いますことをご報告させて頂きます。

ここで特別寄稿文(日本の心とことばを学び合う会の特別講師であり、筆者の同窓生でもある、魚谷佳代氏が寄稿くださいました文章）をご紹介させていただきます。

『地球の平和を願って』

実は、本来なら私は二〇二四年の五月にユダヤ遺跡（＝淡路島：洲本市菰江《こもえ》海岸辺りの地下）にて、お祭りを行う予定で、エリ・コーヘン（前駐日イスラエル大使）さんにも内諾を取っておりました。しかし昨年の一〇月末からイスラエルで戦争が始まり、なかなかおさまらず、洲本市文化体育館の予約をキャンセルした次第です。理想と現実のギャップに苦しみます。

私もかろうじて、戦後生まれです。しかしながら、戦後のつらい時代も知っております。

第二次世界大戦で日本は数えきれない多くの方々を亡くしました。

与謝野晶子さんが出兵する弟に『君、死にたもふことなかれ！』といっておられましたが、第一次大戦、第二次大戦、今や第三次大戦へと突入しそうな状況です。何故戦うばかりするか。

私たちの住む地球は、私たち人間の所有物ではありません。人間が戦争ばかり起こし、地球温暖化は自ら起こしているのです。

宇宙を見渡しても、私達の住む地球程多くの命の住む素晴らしい星はありません。鳥は鳴き、花が咲き、蝶が舞う地球、私たち人間は、神様から霊長類として命をいただいております。

霊の長《おさ》なのです。多くの命の長《おさ》なのです。六度目の地球は恐竜の時代、七度目の立て替えは私たち人間自身で治めなければなりません。

ローゼン大使も言っていた。古くから続く二つの民（日本）を中心として、国籍を超えた地球人として皆で知恵と力を出し合って、エイヘイヤ・アーシェル、エイヘイヤー（神と人とが協力し合う、これ以上楽しいことがあるでしょうかという、至福の時）

七度目の地球大立て替え、地上天国への道を歩むのです!!

補足資料①　【宇宙の神秘について】

不思議なことに、神さまの世界には時間というものが無い絶対世界に神さまはご存在され、人間は（時間の有る）相対世界に存在すると記されています。

神さまは人間も限られた時間と、この世の人生の期間にのみ生きるのではなく、時を超えて宇宙的視野で、無限に生きることを想念に浮かべて、このただ今の瞬間々を真摯しんしに生きて欲しいと願われています。

そうすると人は神さまに委ねる（神さまの光と一体：宇宙と一体になるような）思いが抱き易く、神さまと共に人生を歩むことが、容易となります。やがてそのことは生きる上での楽しみともなり、人生が安寧《あんねい》で安定することとなります。

常に神さまは私達が心とことばを純化することにより、魂が浄められること、精進・昇華（人格の向上と霊性の向上）すること、そして全ての人類が地上で繁栄し、心豊かに幸せに暮らせることを深く願われています。

神様は人間が人格（現界）と共に霊格（宇宙界における）の進化向上を願われています。そして、なんとか一人でも多くの人が神様の御用を果たせられるように、お役に立って欲しいと願われ、辛抱強く待ち続けておられるのです。

神さまは宇宙に存在しないという人もいますが、それは実に残念な考え方であると思います。

ここに、またしても、古代から、時空を超えて、お見えになった高徳の神が申されました。

『宇宙間ニ存在スル全テノモノハ、一体ドウシテデキタノカヲ説明デキルナラ、神ノ存在ヲ否定スルノモ、シカタナイガ、ソレハ無理トイウモノデス!!
ナニモ存在シナイ：意志モ、カモナイ世界ニ、生成化育スル自然摂理ガ存在スルハズガアリマセン』

ここまで所感とは申しましても（神様のお仕組、時間：空間：次元を超えた宇宙の真理を学ぶ）という、なかなか深遠な（奥深くて計り知れない）お話が続きました。

補足資料②　として…

魂というものは、人類にとって、格別大事なものでございます。お許しを頂き、再度見つめたく存じます。

『神から人へ　上巻』及び『同下巻』・『神誥記』・『続神誥記』を重点的に学ばせて頂いたことの中で、筆者が独自に理解を得られた事柄におきまして、次に記したく思います。

このあと述べることとは、宇宙の真理に触れる本書の最もコア（中核的）な箇所であり又筆者の最も斬新な認識となる所です。前述した箇所と少し重複しますが、格別大事なところで、認識することが容易ならざる分野ですから、繰り返し学びたく存じます。

ここに、関西の、不思議がる神と、ビックリの神が、古代から突然現れて、先ず、不思議がる神がビックリの神に申されました。

『繰リ返シ読メバワカリマンノカイナ？　コンナ不思議ナオ話ハ、ワレワレ、4次元ニ居ル絶対世界ノモノト、神々ニシカ、ワカランノト、チガウヤロウカ？』

『ソウデンナア！　コレガ、2回ヨンダダケデワカルナンテ、ビックリシマンガナ!!　筆者ハ、ホンマニ、ワカッテオマンノカイナ？』

とおたずねのお話がありました。

『実ハ、筆者モ判ルヨウナ?!　判リニクイヨウナ？　トコロガアリマス。自分ガシッカリトワカリ、ソノウエデ、皆様ニワカッテ頂ケマスヨウニ、自分ノ肚ニシッカリト理解デキルヨウニ、目下、必死ニナッテ研鑽中デゴザイマス』

と申し上げました。

『ソンナ？　アンタ！　ソナイナ頼リナイ事ヲキイタラ、噴キ出シテシマイマンガナ！　ホンマニ、タノンマッセ』

と申されました。

人間は魂に〔体〕を授かる時この世での生（生命＝体を動かす力）が生じます。

始めに…、神から人へ上巻には、

この宇宙間に存在する魂・霊魂・霊は目には見えませんが、全て宇宙の中で、ところ（次元）が異なって存在し続けるものであるとされています。

（魂は神様が人間に与えた恵みの中で最も尊いものであると『神から人へ　上巻』に記されています）また、（それは人間の全人格の基をなし、永遠に存在します。霊とは永遠に生き続ける意思あるエネルギーのことです）繰り返しとなりますが、引き続いて筆者の考察文を記させて頂きます。「人の生と死についての考察」

時の経過と共に、人は皆、やがて体の死を迎えますが、（体が無くなって）人の体から魂が離れても、その魂自身は霊魂・霊となって、宇宙間に存在しています。そしてまた、神のご意思により、未来のいつの日か、魂に新たな体（＝人の命）を授かります。（前世・現世・来世とはその仕組みのこと）その意味に於いて、『魂』そのものは永遠に存在しています。つまり、体の死というのは　人間「全構成部分」の部分的な死（体が無くなること）であって、その人を構成する基《モト》の『魂』ソノモノの完全な滅亡（死）というのではありません。（この世では魂《たましい》と呼ばれますが、あの世（幽界を含む）では霊魂《れいこん》と呼ばれます。そして霊魂が進化向上したものが霊と呼ばれています。

人の命（魂が体にこの世で宿るもの）は生と死とを繰り返します。（夜に死んで朝に誕生する如しと記されています）（参考・続神誥記：神から人へ上巻）このように理解できます。

つまり、現世では《体を動かす人の命がこの世に現れること（人の誕生）や、魂が体から離れるとき（人の死）：この世から無くなることを一般的に、人間の生と死というように理解されています。

ここで、重要なことといたしまして、この世での人の死というものは、（心・魂・体・という人間《自

分自身》を成り立たせ、人間を構成する全てのものが　無くなるというのではないということでありま
す）。いわゆる（人が新しい体を授かって生まれ変わるという、※循環《じゅんかん》の原理・輪廻《りんね》の仕組み等の）神様のお仕組みというものが宇宙には存在しています（循環も輪廻も繰り返される＝めぐりまわるという意味です）。実に有難いことに！

神様はご自身の尊い霊《れい》（たましい）を人間に一部分け与えていますから神様の霊が不滅の如く、人間の魂も本来滅亡するものではないという事であります。そのことが理解できますと、『死』という問題については極端に深刻になる必要がないと思えてきます（死というものにも適度な安心感を培《つちか》えるという効用《こうよう》が生じてきます）。従いまして、人生とは永遠にその繰り返しのことと理解できます。不思議がる神が申されました。

『人間ハ何度モ、ウマレカワルトイウ、ジツニ不思議ナ摂理ヲ、神様カラモロウテハルンヤナア！　コレワ！　スゴイコトヤアリマヘンカ！』

と。私も、「本当に凄いことですね！」と申し上げました。

人は神の分け御霊＝神と同じくその霊は不滅です‥但し、それには、神さまの一定の秤《はかり》に適う『この世で悪逆無道なことをしない』ことが必要とされています）つまり、この世で人は魂を汚し切ってはいけないのです。何故なら、次の世では現世よりも、はるかに清らかな純粋、且つ高度な世の中になりますから、汚れた魂はこの世に生まれてきた時に地獄のような苦しい世界に生まれることになるので、この地上に生まれることが難しくなります。

私達はこの世では、前世の魂を受け継ぎますが、誕生する時には前世の記憶は無くなって生まれる事

となります。次に、今世（この世で『生』を受けていること）において、肉体と命を授かった親・祖先

と前世、前々世、或いは遥《はる》かの昔、何代か何十代か以前の過去世においても、自分の魂に肉体を授かっ

た『この世の人生』においても、私たち一人々には多くの親・祖先の存在があったという推論が成り立

ちます。

私達は神さまの分け御霊《みたま》ですから、神様の存在が私たちの霊的感性によって理解できます。同時に神様の御役を一部分担わせて頂ける存在でもあります。

ここからは、特に重要です。神さまに敬《けい》けん（つつしみ・うやまう）に、感謝の心で無心に祈りを捧げる時、祈りの想念（波動：光）は神様に届き、神様のお力でその人の魂は浄められます。（神様のみ霊たまから発せられる光によって人間の魂が浄められることになります。（同じようにその光は時空を超えて祖先の霊にも届きます）その時、祖先の霊魂：霊は浄められます。さらに、この世で、

神さまの御心に適《かな》う（一致する）祈りの波動（感謝と愛の祈りのことばを発する時に生じる）光：言霊（『いろは』と『ひふみ』）から、神霊方は新たな力を得られます。それに留まらずに、再び神霊方から人々に戻って人が浄められるという仕組みが働きます。（神から人へ　人から神へ六六頁ご参照）

※循環の摂理：宇宙は生成・退化・死滅等、現象ある一切のものは、循環して進化するという仕組みのこと）

補足資料③　として、さらに続きます…

人の霊《たましい》は神の分け御霊《みたま》です。

分霊《わけみたま》（ぶんれい）という事は実に驚嘆《きょうたん》すべき有難いことであり、人は筆舌に表せないほど、凄《すご》く貴重なものを神さまから頂いています。

その意味することは我々人類も神の御心に適うまで精進昇華が進んだ時に、言い換えますと、直向《ひたむき》に向上することを心がけていくとき、その努力次第では神の御力を一部分だけ発揮させて頂けるということを意味するものであるからです。

神は光であり、愛であります。（感謝と愛の祈りの波動＝ことば：言霊は次元を超えて瞬時にどこまでも届きます）さらに、神と霊と人は一体に通い合うものですから、私達はこの世で人の心や魂の救済上に神様のお役に立つことができるということは、ことのほか大層素晴らしいこととなるのです。

天功（天：宇宙の働き）を助ける、そのお手伝いを人類ができるということの意義は実に偉大なことなのです。

私達の想像をはるかに超える善事となります。私達の無数の祖先の魂と霊魂が浄められ、尚且つ守護神霊までもが浄められるとされています。

それは（神様のお仕事のお手伝いをすることができる）という格別の善事が果たせることになるからであります。

そして、そのことを神様が大層お望みであるのです。（この心と逆の邪《よこしま》な想念を持ち、ことばを発すると、その言霊の通りの現象が生じますので注意が必要です。そのように解釈できます。（参考『神から人へ（上巻）』）

ここまでの説明を聞かれた関西の「ホトホト感心スル神」と「ビックリノ神」が古代より現れて、申されました。

「チョット！アンサン、ホンマニ、コノヨウナコトガ理解出来ルンデッカ？ワレワレモ、ホンマニ、ホトホトビックリシマンガナ！ホンマカイナ!!」と申されました。それで筆者が、

「有難ウゴザイマス。シカシ分カラナイトコロモ沢山ゴザイマス」と御礼を申し上げますと、

「ソウデッシャロウナア！ソリャヤア！アンサンハ、人間デッシャロ！ソリャヤア！アタリマエヤ！神様デハナイカラ、仕方アリマヘンワ」と申されました。

人間は音の波動（言霊＝ことば）を発せられて、宇宙を浄めることができる実に尊い存在なのです。

続いて、ここでも宇宙の神秘：真理について記します！

ことばを発せられる人間がこの世で為なすべきことの意味は、そのようなことも含めて、ことばを発しない神様に代わって、大きな使命を果たす（天功《てんこう》＝天のはたらきを助ける）為に、人類のひとり一人はこの世に生を授かっています。そして、神誥記に記述されていますが、人間各人は、種々の霊統：霊団の一員として所属（所属しない人も存在する）をし、守護神：守護霊からの導きもあって、神と人とのご縁が得られるもので、心と魂を高め、浄めるべく機会を授けて頂いたものであるとされています。

人間は、守護神：守護霊を身近な神として崇《あが》め奉《たてまつ》ることが肝要です。

神様は人類が一人でも多く、神の如く清らかな魂の持ち主となってほしいと願い、私たち人類をこの世に誕生させて下さいました。ところが、魂が大層汚れ、曇ってしまった人間が、神の如く浄められた清らかな心と魂の持ち主となる為には、たった一度限りの短い人生ではとても不可能ですから、幾世にも渡って、人として幾度も幾度も、現界（この世）で、精進を重ね、神の如き御霊の持ち主となれるように、生まれ直しをさせて下さるのである、というように理解することができます。

その意味は、神様が定めた原理に基づいて、宇宙の真理（宇宙全体が秩序ある進化発展を遂げ、同時に調和のある全宇宙世界の現出）を顕わすこと、その実現を遂行する為にも、そのような人類（神人《しんじん》：真《まこと》の人《ひと》の如き人）を多数この宇宙に現出することが欠かせない、とても重要なことであるからだと推察致します。

筆を置くにあたり、自分自身が深い感動を覚えたことばのあることに気づきました。その一文を次に記させていただきます。

「神から人へ人から神へ　ひふみともこ記二三二頁　大和魂より」

上なる者ほど己に厳しく、倫理の心を錬磨《れんま》して、
下なる者を慈《いつく》しみ、内なる基準に神あれば、万古不易《ばんこふえき》の礎《いしずえ》ならむ。

自分の座右の銘としたく存じます。

おわりに

本書は、筆者の多様な合間を見て、実際に見聞きし体験してきた事実を書き記したこと、ひふみともこ先生の書をはじめ、多くの書物から学んできたこと、そして、「理想の世界はどうあるべきか」についていろいろと思いを巡らせ、記述を重ねてきたものであります。

内容に重複した箇所があったこと、また不遜を省みず過激に過ぎると思えるような言葉を記述してしまったことをお許し賜りますように。乱文、拙筆、誤字等がありますこともお許しください。

なお、この書を作成するにあたりまして、篤いご配慮を賜りました、元筑波大学教授・ひふみともこ先生ならびに、あじきっこう代表・魚谷佳代様、柏木公子先生、武久鎮顕様をはじめ多くの先輩、友人、知人からも御懇切《こんせつ》なご指導ご助言を賜りましたことを深く感謝申し上げます。

出版に際しまして、ご担当いただきました東洋出版株式会社の鈴木浩子様、多くのイラストを描いてくださった中村圭市様には格別お世話になりましたことを衷心より感謝申し上げます。

令和六年十月

日本の心とことばを学び合う会　主幹　津山隆司

参考資料について

筆者が今回、主に参考資料にさせて頂きました、ひふみともこ先生の5冊の著書『神誥記』『続神誥』『神から人へ（上・下巻）』『神から人へ人から神へ』につきましては、インターネットで、【ひふみの集い】又は【ひふみともこ】でご検索頂けます。

［著者］**津山 隆司**

日本の心とことばを学び合う会、主幹。
関西学院大学卒。
兵庫県洲本市在住。

著書
『古事記に学ぶ日本のこころとことば』（2022年、東洋出版）

伝《つた》えたい　日本《にほん》の こころ 日本《にほん》のことば
ことばは世《よ》の中《なか》を変《か》え　こころは人生《じんせい》を変《か》える

発行日　2024年10月29日　第1刷発行

著　者　津山 隆司《つやま たかし》

発行者　田辺修三
発行所　東洋出版株式会社
〒112-0014　東京都文京区関口1-23-6
電話　03-5261-1004（代）
振替　00110-2-175030
http://www.toyo-shuppan.com/

印刷・製本　日本ハイコム株式会社

ISBN 978-4-8096-8712-9
定価はカバーに表示してあります

ISO14001 取得工場で印刷しました